これだけは知っておきたい！

大人の常識力

話題の達人倶楽部［編］

この一冊であなたも〝社会人の鑑〟になる！――はじめに

社会人になると今までに体験したことのない場面に出食わして、戸惑うことが多い。

たとえば上司や取引先の人とタクシーやエレベーターに乗る時、どのタイミングでどこに座ったり立ったりすれば失礼にならないのか。仕事関係や親戚に不幸があったら通夜にはどんな服装で、そして香典はいくらくらい包めばいいのか。もっと身近なところでは、自分が普段何気なく使っている敬語は本当は正しいのかなど、悩みだしたらキリがないほどある。

しかも、その場で間違いを正してもらえればまだいいほうだが、教えてもらえないことのほうが多いのが大人の社会の常識でもあるのだ。

「大人の常識力」と題した本書は、そのタイトルどおり大人として、社会人として、さらには日本人として知っておくと、必ずどこかで役立つ情報を網羅した。知っているようで知らない政治・経済の常識から、思いもよらない場面に遭遇してはじめて知る日本人のしきたりなど、その守備範囲はありとあらゆるシーンにわたっている。

こういう時はどう対処すればいいのか、どんなふうに言えば相手が納得してくれるのか。ビジネスバッグに忍ばせておけば、とっさの時にあなたの強い見方になってくれるはずだ。

２００７年12月

話題の達人倶楽部

これだけは知っておきたい！ 大人の「常識力」◎目次

常識その一…政治

常識その二…経済・ビジネス

常識その三…社会
「無期懲役」は最短何年で出所できる？　53

常識その四…暮らし

常識その五…しきたり

常識その六…礼儀作法

引越しの挨拶は何軒先まで回れば問題ない？…… 123

常識その七…言葉遣い
「お疲れ様」と「ご苦労様」の賢い使い分けとは？……153

常識その八…日常生活

常識その九…教養

「般若心経」にはいったいどんなことが書かれてある？……199

カバーイラスト◎川村易
本文イラスト◎盛本康成
DTP◎ディーキューブ
制作◎新井イッセー事務所

常識その一

政治

なぜ「事務次官」は〝次官〟なのにそんなに偉いの？

なぜ「事務次官」は〝次官〟なのにそんなに偉いの？

たとえば国会で厚生労働省を代表して年金問題などについて発言をするのは厚生労働省の大臣である。しかし、記者会見などで実務的な話をするのは事務次官ということも多い。

「次官」という言葉のせいで、「最も偉い人の次の人」、つまりナンバー2のポジションのような印象があるが、会見場などで次官が話していると、「なぜ大臣ではなくて次官なの？」と疑問に思う人もいるだろう。

しかし、それは誤解である。各省庁においてキャリアと呼ばれる高級官僚のなかで最高のポジション、いわば官僚機構の頂点にいるのが、事務次官なのだ。

省庁での最高位は国務大臣であるが、それは各省の総責任者、いわば「顔」である。その大臣から見ればたしかに〝次官〟になるが、実際に実務を行い、その省を機能させているのは事務次官だ。そういう意味では、いわば現場の主役ともいえる。

ちなみに「次官」という呼び方は律令制の名残りである。「事務次官」は、官僚機構の最高責任者の呼称として戦後になってから使われるようになったものだ。

現場のトップである事務次官だが、いろいろと問題もある。

特に人事においては事務次官を、その下に位置する局長や審議官から選ばなければならないという制約がある。いわば「順番」で決めるようなものなのだ。

さらに、新しい事務次官が決まると同期の

他のキャリア組は退官しなければならない。

といっても年齢的には50歳代後半。そのまま引退するはずもなく、天下りする者も多い。つまり、政治と企業との癒着を生み出す元にもなっているのだ。

いろいろな問題はあるが、しかし、実際に現場で政治を動かしているともいえる事務次官。「事務次官を目指したい」という人も多い。

ある意味では本当に自分の実力を発揮できる魅力的なポジションではあるのだ。

国民は知らない国会議員の意外な「特権」とは？

国会議員はグリーン車乗り放題！　都心の議員宿舎の家賃は格安！　誰もがうらやましいと感じる国会議員の特権。

「なぜ国会議員がそんないい思いを？」と思ってしまう人も多いはずだ。

しかし国会議員の特権として、これはほんの一部。じつはまだまだあるのだ。

たとえば、国会の会期中であれば、所属議院の許諾がなければけっして逮捕されない（ただし、現行犯は除く）という「不逮捕特権」。もし逮捕されても、議院の要求があれば会期中は釈放しなければならない。

また、議院で行った演説、討論または表決について、院外で責任を問われることはないという「免責特権」もある。院内での発言については、損害賠償や名誉毀損などの責任も問われない。

そしてもちろん、約１３０万円もの月収や年間約６４０万円ものボーナスなどが約束される「歳費特権」も、あらためて聞かされると、納得できるような、できないような…。

果たして、ここまで優遇していいものか。時代や国民感情に合わないのではないかという声が強いのも事実だ。

たとえば「不逮捕特権」は、本来は政治犯への不当な弾圧を避けるために生まれた考え方だった。しかし今では、汚職議員の逮捕逃れの理由に使われたりしている。

国会議員の特権をなくせとはいわないが、国民の納得する特権であってほしいものである。

引退した国会議員はどうやって生計を立てている？

選挙のたびに新人の若手議員がクローズアップされる。しかし、国会議員は新しく誕生する議員ばかりではない。

当然のことながら、引退していく議員もいる。高齢を理由に引退するのはわかるが、なかには「普通の生活に戻りたい」という理由で引退表明した議員の例もある。

政治家といえどもひとりの人間、その引き際は鮮やかなほうが好ましい。

ところで、議員時代にいくら華々しい活躍をしても、引退してしまえばタダの人、収入は途絶えてしまうのではないだろうか…と、考える人も多いだろう。

「普通の生活」に戻ってからはどうやって生活していくのだろうと心配にもなる。

しかし、心配御無用。じつは引退した議員に対しては、国会議員互助年金制度というものがあるのだ。

まず、国会議員として10年以上在職すれば普通退職年金の受給資格が得られる。

保険料として月額10万3000円を10年間納めれば、引退後、65歳から年に412万円、月額換算にすると34万円が支給されるのだ。しかも引退後50年までは、1年増えるごとに8万円が加算される。

しかも、その7割近くを国庫から補給している点などがかねてより問題にされてきた。

その結果、2006年初めに参議院本会議で廃止法案が可決されている。ただし新しい国会議員年金制度が始まるのは40〜50年先で、それまでは現行法に多少の修正を加えた制度が機能し続ける。

つまり現職議員の大部分に対しては、現行制度がそのまま適用されるのだ。要するに「古株議員の既得権を守るための見直し」ともとれるわけで、国民感情として納得できない人もいるかもしれない。

「族議員」とはいったいどんな議員のこと？

ニュースでよく耳にする「族議員」という言葉、何をさすのか、きちんと説明できる人は意外と少ないかもしれない。

族議員とは、与党議員のなかで特定の政策分野に強い影響力を持つ議員、あるいはその集団をさす。

たとえば、その分野を所管する省庁の大臣や政務次官、キャリア官僚を経験した議員であれば、その分野に関する知識や経験があり発言力が大きくなる。

そのために政策立案の際、決定権を持つこ

とも多い。

特に業界と官公庁との両方のパイプがあれば、その存在は絶対である。

わざわざ族議員と対立するような政策を押し通すのは困難になり、必然的に族議員の進める方針が最終的には通ってしまうこともよくある。

そんなところから、特定省庁や業界の権益優先の姿勢が生まれ、癒着体質と見なされて批判を受けることも多いが、しかし現実には族議員の存在抜きにしては政策を語ることは難しいという現実もあるのだ。

ちなみに、族議員としては郵政族、建設族、道路族、農林族、大蔵族、文教族などがある。

もちろん、多くの問題点を抱えながらも、特定の分野に関してはエキスパートであり、人脈も豊かなことには間違いない。

最終的には族議員が下す結論や判断が、結局は最良の結果を生み出すこともある。だから族議員の存在を否定することはできない。

しかし、政治はあくまでも公平なものでなければならない。そういう意味で、族議員は今後も多くの問題をはらんでいくのは間違いないだろう。

選挙運動に「インターネット」が使えないのはなぜ?

ここまでネット社会が広がる現在、選挙運動にインターネットを活用するという発想が生まれるのは当然だろう。

ところが、わが国では選挙運動にインターネットを利用することが禁じられているのである。

2006年には民主党が「インターネット選挙運動解禁法案」を衆議院に提出しているし、総務省ではそれ以前から、IT時代の選挙運動に関する研究会が開かれて、検討されている。しかし、残念ながら今のところ解禁への動きはない。

では、なぜダメなのか?

「ネット上の画面は公職選挙法の『文書図画』に該当するもの。しかし『文書図画』を選挙で利用する場合はポスターや葉書、ビラなどしか使用を認められていない。だからインターネットはダメ」というのが禁止の基本的な理屈である。

しかしこれに対しては「ネット上の画面は電子的記憶であって、いわゆる『文書図画』ではない。それに、候補者が配布するものではなく、有権者が自分の意志でアクセスするのだから、『頒布』『提示』には当たらない」というのがネット解禁派の理論。なかなか微妙な論議である。

さらに、ネットには個人攻撃や誹謗中傷がつきもの。

たとえば候補者になりすましてあらぬことを書き込む、などといった取り返しのつかない選挙妨害も考えられる。ネット利用者のモラルの質という、けっして見逃すことのできない問題もある。

しかし、欧米諸国ではすでに選挙へのネット活用が当たり前という国が多く、「日本だけが禁止されているのは腑に落ちない」というのも確かだ。

いずれにしても、「そろそろ日本も…」の考え方が広がりつつあるこの問題、行く末を見守りたいものだ。

「都道府県知事」には そもそもどんな権限がある？

国政から都政へと活動の場を移し、マイペースで強気な都知事ぶりを発揮する石原慎太郎東京都知事。自分は宮崎県の営業マンだと公言し、全国を所狭しと飛び回る東国原英夫宮崎県知事。

対照的ともいえるふたりの知事だが、それぞれに地元の信頼は厚い。そしてもちろん、どちらも知事である以上、その権限は同じだ。

しかし単純で素朴な疑問だが、都道府県知事は何ができるのか？　ありていにいえばどのくらいエライのだろうか？

ここであらためて、都道府県知事の権限を確認してみよう。

代表的な権限を挙げると、まず「予算案の提出」の権限がある。また予算の執行の権利があるのも知事だけだ。

また「租税の徴収」がある。税制を導入して、徴収するのは知事の権限である。もちろん「人事権」「立法権」「解散権」なども有する。

そしてさらに、地域住民にとっての大きな選択肢について判断を下す権限がある。わかりやすい例を挙げれば、１９９８年の沖縄県知事選がある。

米軍普天間飛行場の代替基地県内設置を許すかどうかで争われたこの選挙では、まさに県民の意志が問われることになった。

同様に米軍基地のある山口県知事選でも基地問題がからむことがある。また石川県のように、原発誘致の是否が県知事選で問われる

こともある。

あくまでも「内閣のリーダー」でしかない内閣総理大臣に比べれば、「都道府県の長」である都道府県知事の存在感と発言力はかなりのものなのだ。

民間の法人と「独立行政法人」の違いはいったい何？

農林業のための仕事をする緑資源機構が官製談合問題でマスコミで取り沙汰された時、「独立行政法人」という言葉を覚えた人も多いだろう。

民間の法人ならわかるが、「独立行政法人」という言葉は聞き慣れない。果たして、どういうものなのだろうか？

難しく定義すれば、「各府省の行政活動か

ら政策の実施部門のうち一定の事務・事業を分離し、これを担当する機関に独立の法人格を与えて、業務の質の向上や活性化、効率性の向上、自立的運営や透明性の向上を図ることを目的とする制度に基づいた法人」である。

これでは今ひとつピンとこないので、簡単にいえば、「効率よく仕事ができるように、各府省に属していた公的な事業機関や研究機関を国から切り離し、法人格を与えたもの」というわけだ。

第一の目的は国のコスト削減にあることはいうまでもないが、もちろん運営費や経費などは国から支給されるから、民営とは異なる。

たとえば緑資源機構は農林水産省所管の独立行政法人だし、造幣局、国立公文書館、国際協力機構、日本原子力研究開発機構、日本スポーツ振興センター、国立病院機構や大学入試センターなどもじつは独立行政法人だ。行政をスリムに、という時流のなかで1998年に導入が決定した制度だが、しかし現実はなかなか厳しい。

たとえば、経営自立ということは給与の支給基準も各独立行政法人が自由に決定できるわけだが、そのために給与や退職金の高騰を招いている現実がある。

また、天下りの受け皿になっている機関が多いことも問題視されている。

最近増えている「法定外税」ってどんな税？

税金にはいろいろな種類があるが、ここ数年よく耳にするようになったのが、「法定外税」である。これは、各地方自治体が独自に設ける税のことだ。

地方自治体が課税する税といえば、住民税や不動産取得税、たばこ税などがよく知られている。これらは地方税法という法律によって全国的に定められた税であり、どの地方自治体でも同じように徴収している。

これとは別に、地方自治体が独自に条例で定めたのが法定外税で、総務大臣の同意さえあれば、課税、徴収が認められている。

たとえば、新潟県柏崎市には「使用済核燃料税」があるし、沖縄県、福島県、愛知県などには「産業廃棄物税」がある。

また珍しい税としては、東京都の「宿泊税」、福岡県北九州市の「環境未来税」や太宰府市の「歴史と文化の環境税」などがある。

さらに、山梨県富士河口湖町などには「遊魚税」という税がある。読んで字のごとく、河口湖で魚釣りをするには税金を納めなければならないのだ。

ところで、なぜこんな税が生まれたのだろうか？

その根本にあるのは「地方分権」の考え方だ。地方分権を推し進めるなかで、財源もそれぞれの自治体で確保する努力をすべきであるという考え方が生まれた。

そして、それまでは総務大臣の「許可」が必要だったのを、「同意」を義務づける協議制に改めたというわけだ。

理屈はわかっても、宿泊税や遊魚税のように事業者ではなく個人に課せられる税がそんな形で決められていくのはどうも納得がいかない、という意見もあるだろう。

なかには検討されながらも見送りになった法定外税もあるようだ。

アメリカの「共和党」と「民主党」はどこがどう違う?

4年に1回、オリンピックの年に行われるのがアメリカ合衆国大統領選挙だ。

4年に1回といっても、その予備選挙からの盛り上がり方は日本から見ればまさにお祭り騒ぎである。

まずは民主党と共和党のそれぞれで誰が候補者に選ばれるか、そこに注目が集まる。

どんな人物が立候補し、どんな政策を打ち出すかは現在のアメリカ社会を映し出す鏡でもある。そういう意味でも、アメリカだけでなく全世界の関心を集めているのだ。

ところでアメリカ合衆国は二大政党の国である。現在のブッシュ大統領は「共和党」、それに対するのは「民主党」。

果たして、このふたつの政党は、どこが違うのだろうか。

わかりやすくいえば、共和党は保守的、民主党はリベラルということになる。

共和党は、いわゆるタカ派(強硬派)、中道右派(右派・保守派)である。経済効率を優先させ、大資本向きの政策をメインに打ち出す。

経済社会への政治介入を極力行わないという考え方で、福祉政策や環境問題は二の次にされることもある。

また、富裕で保守的な白人層を代表する政党ともいわれている。

必要以上の政治介入を望まないということから、たとえば銃規制に対してもノータッチという立場である。

一方、民主党は労働者の味方という立場である。リベラルな考え方で自由貿易主義を主張して、貧困層や弱者、中小企業を救済する路線をとる。

社会全体を見れば収入格差を小さくさせる方向に向かうが、その一方で諸外国との経済関係では問題が起こる可能性もある。

インテリ層や労働者、さらには人種的マイノリティの間でも支持者が多い。また環境問題や銃規制には前向きに取り組む政党だ。

もちろんこれらは党としての建前であり、それぞれの候補者によって少しずつ考え方が異なる。

しかし、共和党と民主党、どちらから大統領が選ばれるかはアメリカの将来にとって大きな意味を持つ。選挙戦が盛り上がるのも当然なのである。

中国は「一人っ子政策」でこの先どう変わる？

少子化が問題になっている日本とは対照的に、この30年間、「一人っ子政策」が続けられているのが中国だ。

毛沢東が人口増加こそ国力増強であるとして「子沢山」を奨励した結果、60年代後半に爆発的に人口が増えた中国。

しかし逆に食糧や燃料不足が国家の危機を招くと懸念した政府によって、１９７９年に始まったのが一人っ子政策だ。

これは、まさにその言葉通り、子供をひとりしか作ってはならないとする政策で、もしもふたり目を産むと罰金刑や減給という厳しい罰が待っている。

その結果、かつて出生率は「７」近かったのが、今や「２」以下になった。現在の中国の人口は12億８０００万人だが、それでも３～4億の人口増加抑制があったと考えられている。

しかし、そこには大きな問題が出てきた。何といっても深刻なのは高齢化だ。生まれてくる子供が少ないのだから高齢者が増えるのは当然だ。

２０３０年には65歳以上の人口が15パーセントになるという試算がある。

また、農村部では子供は重要な労働力である。そのために子供が生まれても届け出をしない「闇っ子」が社会問題になっている。女児の間引き、捨て子なども大きな問題だ。

さらに、この先必ず男女比の不均衡が訪れて嫁不足の事態になるのは明らかだ。嫁不足が深刻になれば、ますます出生率は下がり、高齢化に拍車がかかる。

こうなると、現在の日本で深刻になっている社会問題と同じような問題が中国でも起こるはずだ。

現在は世界一の人口を誇る中国だが、その座をインドに明け渡すのは時間の問題だといわれている。しかし、それ以上に深刻な将来が待っているのだ。

日本の首相とアメリカ大統領の立場の違いとは？

日米首脳会談などで日本の首相とアメリカ合衆国大統領がにこやかに握手などしている場面を見る。しかしこのふたり、その立場に違いはあるのだろうか？

もちろん、それぞれの国の政治を代表する立場であり、どちらが偉いということはない。だが、「首相」と「大統領」という役職で考えれば、その立場には微妙に違いがあるのだ。

一般的に、首相の定義は「内閣または政府を構成する複数の閣僚のうち主席の者」で、かつ「その職責自体が国家元首（一国の首長）を兼ねない者」ということになる。

これに対して大統領とは「共和国の元首、または行政府の長官」の呼称のひとつである。アメリカ合衆国の場合は、行政権の長であり、国家の代表でもあるのだ。

これを踏まえて、日本の首相とアメリカの大統領に限って比べてみよう。

まず選出方法だが、日本の首相は国会によって国会議員のなかから選出される。実際には、政権政党の総裁がそのまま首相となることが当たり前になっている。

自民党の総裁選が実質的には首相選出の選挙になっているのは誰もが知っているだろう。

一方、アメリカ大統領は出生によるアメリカ合衆国市民であり、合衆国内に14年以上居住したことがある35歳以上の男女であれば、誰にでも被選挙権がある。

政治とは無縁の実業家などが立候補するのを見ても、それがわかる。

日本の首相は内閣の首長として行政を指揮監督する役目を負っているが、あくまでも行政権は内閣にある。

これに対してアメリカ大統領は、国家元首であると同時に、行政権を持っている。

また、日本の場合、内閣は国会に対して連帯して責任を負う。

一方、アメリカ大統領は議会とは独立した存在であり、直接国民に対して責任を負う立場にある。

もちろん、それぞれの国の政治形態により、首相と大統領とが置かれている立場や権限は異なる。

「日本海」の名が世界地図から消えるって本当？

日本列島の西側に広がる海を「日本海」と呼ぶのは、日本人にとって当たり前すぎるほど当たり前のことである。

日本人にとって、だけではない。日本海という呼び方が正式に決められたのは１９２０年代のことで、国際水路機関（ＩＨＯ）によって決定されている。

つまりは国際的にも認められている名前なのである。

ところが、「日本海という呼び方はおかしい。今すぐ変更せよ」と主張する国がある。韓国だ。

１９９２年の国連地名標準化会議において韓国は、「日本海という名称は、かつての帝国主義や植民地政策の名残りであり、韓国は容認できない。代わりに『東海《とんへ》』という名前を採用すべきだ」と主張。

これが「日本海呼称問題」として今も尾を引いているのだ。

周知の通り日本海は、日本列島およびサハリンによって太平洋から切り離されている極東アジア北東部に位置する海域である。

そして、じつはこの名を命名して広めたのは日本人ではない。

１６０２年にマテオ・リッチが作成した『坤輿万国全図《こんよばんこくぜんず》』の中に登場した名前であり、その後西洋社会に広まったのだ。

地理的理由によって自然に生まれた名前が、自然に世界に広まったのが、日本海なのである。

ところが、韓国はその根拠を認めず、あくまでも韓国の東側にある海として〝東海〟という呼称こそが正当だと主張している。

また韓国、北朝鮮、日本の3国に囲まれた海域であるにもかかわらず、日本という特定の国名だけが名称に使われているのもおかしい、というのもその理由のひとつだ。

いまだに決着がつかないこの問題。もしかしたら、地図から日本海の名前が消えてしまう可能性もあるだけに、その議論の推移が気になるところだ。

常識その二

経済・ビジネス

日本は世界的に見るとどのくらい格差が進んでいる？

「格付け会社」はいったいどんな基準で格付けしてるの？

自民党の福田康夫内閣が成立していち早く評価をしたのが格付け専門会社だ。日本の財政がこれまで通り大きな変更なく継続される見通しとなったことで、前政権よりも1ランク上の格付けをしたのである。

〝格〟が上がったのだから、これは本来喜ぶべきことなのだろうが、最近耳にすることも多くなったこの格付けとは、そもそも何なのだろうか。

格付けとはずばり、国や企業が発行する国債や社債などの信用力のことだ。

国の政情が不安定になったり、企業の業績がおもわしくなくなったりすると、償還前に相手が破綻してしまう可能性もゼロではなくなる。そこで債券投資をする際、元本と金利を間違いなく回収できるかどうかを格付けという指標として表しているのである。

ある格付け専門会社はこのランクを「Ａａａ」から「Ｃ」まで9段階に分け、どこに当てはまるかで国や企業の信用力を表している。いうまでもなくＡａａは信用力抜群で、片やＣは取引にはかなりのリスクをともなうという評価だ。格付けを専門に行っている会社としてはムーディーズ社、スタンダード＆プアーズ社、格付投資情報センターなどが著名である。

ちなみに、格付けはあくまでも投資先を選ぶ際の指標にすぎない。取引先の会社が突然格下げされたとしても、すぐに潰れてしまうというわけではない。実際、これまで格下げされて倒産した企業は稀なのだ。格付けはひとつの目安として考えれば間違いない。

「長期金利」と「短期金利」にはどんな違いがある？

住宅ローンの金利が今後さらに上がる傾向にあるという。月々の返済額が増えればその分、家計が圧迫されて主婦もやりくりが大変となりそうだ。

ところが、その一方で金利が上がっても、なぜか銀行や郵便局に預けている普通預金の利率のほうはほとんど変わらない。同じ金利なのになぜこのように違いがあるのだろうか。

それは、「長期金利」と「短期金利」のどちらに基づいているかによって、その決まり方が違うからだ。

たとえば住宅ローンの金利は、長期金利に基づいて決められている。この金利は金融市場のなかで、償還までの期間が長い資金の需要と供給によって決まるもので、一般に10年で満期を迎える国債の利回りがその基準となっている。

一方、普通貯金の金利は短期金利に基づいて決められている。この代表格は「無担保コールレート」と呼ばれるもので、これは日銀がその時の金融政策に基づいて誘導している金利だ。このため、政策金利といわれることもある。

日銀はこれにより金融機関を通じて市中に出回る資金量を調整している。たとえば、インフレ（物価が上昇し、貨幣価値が下落すること）になりそうな時は、この金利を高めに設定し、市中に供給される資金量を絞り込む。

反対に、デフレ（物価が下落し、貨幣価値が上がること）であればその逆に金利を低めに誘導し、資金を潤沢に供給できるようにしているのである。金利は長期と短期では、まったくその性格が違うのだ。

「地球温暖化ビジネス」っていったいどんなビジネス？

豊作が続いているにもかかわらずトウモロコシの国際相場が高騰している。といっても、これは世界中でトウモロコシがよく食べられるようになったからではない。じつは、燃料としての需要が急増しているからなのだ。

トウモロコシは発酵・蒸留させるとエタノールを生成する。平たくいえば純度の高いアルコールができるわけだが、これはバイオ・エタノールと呼ばれ、10パーセントほどガソリンに混入することができる。

このバイオ・エタノールにいま人気が集まっている。トウモロコシは生長する過程で大気中の二酸化炭素を吸収する。このため、燃料として燃焼させた際、そこで発生する二酸化炭素は相殺され、温室効果ガスの排出量はゼロとみなされる。

これを地球温暖化防止のビジネスチャンスと捉えたバイオ・エタノールメーカーがこぞって生産量を増やし、需要が増えたことで取引価格が高騰したというわけだ。

だが、これには大きな問題がある。というのは、トウモロコシを食糧として売るよりも燃料として売るほうが高額になったため、農家は食糧よりも燃料用として栽培するケースが多くなってきたのである。

このままのペースで栽培量が増えると食糧としての流通量が減少し、ひいては食糧難に陥っている国々への供給に影響が出るのではないかと心配され始めたのだ。

いま世界では8億人が飢えに苦しんでおり、毎日2万5000人がそれを理由に命を落としている。この飢餓を救うためにも、食糧としてのトウモロコシの供給量は減らすことができない。温暖化防止が新しい食糧難を生むことだけは何としてでも避けたい。

日本の主婦が国際市場に大きな影響を与えてるって本当？

最近の個人投資家向けの専門誌で、なにかと取り上げられることが多いのがＦＸ（外国為替証拠金取引）だろう。

これは国内の証券会社などを通じて「米ドル」や「ユーロ」など外国通貨を売買することで、たとえば〝円高ドル安〟の時にドルを買い、〝円安ドル高〟でドルを売ればその差益を手に入れることができる。

ただ、ＦＸは株式の売買より難しいといわれている。この分野は外国為替法が改正される10年前まで金融のプロしかできないことになっており、素人が興味本位で始めるにはあまりにリスクが大きすぎるのである。

ところが、ＦＸのなかでもインターネットで証券会社に口座を開設し、取引を開始するオンライントレードは主婦に人気らしい。これならわざわざ証券会社まで出向くことなく家にいながら売買できるので、家事に追われていても取引しやすいからだ。

イギリスの新聞『タイムズ』によると、日本では主婦を中心としたオンライントレーダーが1日あたり総額で約1兆８０００億円もの取引を行い、国際市場に大きな影響力を持つ存在となっているという。

これだけのビッグマネーが動く背景には、主婦などの個人投資家が積極的に投資しているだけでなく、ＦＸの持つ特徴もそこにある。この取引はレバレッジをかけると手持ち資金の10～20倍までの資金を動かせるのだ。

レバレッジとは〝てこ〟のことで、口座開設時に最低資金（証拠金）さえ預ければ、その何十倍もの投資資金を借り入れることができるのである。

だが思惑通りに相場が動けば大儲けできるが、そうでなければ手持ち資金の何十倍もの借金を背負うことにもなりかねない。果たして日本の主婦たちは儲かっているのだろうか。

世界で一番ビッグマックの値段が高い国はどこ?

マクドナルドのハンバーガーはどこの国で買って食べても同じ味である。しかし、その価格まで世界共通というわけではない。そこには日本と同じように原材料費や同業他社との競争など、その国それぞれの事情がある。

では、どこの国で食べると最も安くマクドナルドのハンバーガーを食べられるのだろうか。英国の経済誌『エコノミスト』によると、それは13億人が暮らすという中国だ。ビッグマックを約168円(1ドル119円で換算)で買うことができる。

それとは正反対に一番高いのはアイスランド。同じビッグマックが約885円もしている。この値段では買う前にちょっと躊躇してしまいそうだ。

同誌では、マクドナルドが世界中で均一な商品を現地生産していることに注目し、販売価格とともに各国の「ビッグマック指数」を毎年発表している。

これはアメリカを基準にして、それより何パーセント高いか安いかを表したもので、これを使いそれぞれの国の物価や通貨レートを評価するのである。ちなみに、日本の場合は274円となっている。

日本はなぜCO_2排出量を他国から買わなければならない?

北極海の平均気温の上昇で、あとわずか30年強で北極の氷が解けてなくなるといわれている。これは予想よりもはるかに早いペースとされているため、地球の温暖化は思ったよりも足早に進んでいるのだ。

そんななか、注目されているビジネスが「排出権取引」である。これは地球温暖化の原因となる二酸化炭素や、メタンガスなど温室効果ガスを排出できる権利を国家間や企業間で売買するものだ。

そもそもこのビジネスは、1997年の国際会議で交わされた京都議定書（合意書）から始まった。この議定書では温室効果ガスの排出量を1990年より削減するため、各国ごとに削減目標を設定している。

しかし、目標値に満たない場合は、目標値を上回った国から、その上回った分を「排出権」として購入して削減量の一部に充当できるようにしたのである。

この排出権の売買は温室効果ガスをすべて二酸化炭素に換算して計算している。

ちなみに、日本は国として2008年からの5年間で毎年6パーセントの削減を目標としているが、これまでのところ4・4パーセントの削減しかめどが立っていない。このため、排出権の購入は避けて通れそうにないようだ。

日頃から省エネルギーを心がければ排出権を買わずに済み、大幅に削減できれば売ることもできる。地球の温暖化防止はビジネスチャンスにもなるのである。

日本は世界的に見るとどのくらい格差が進んでいる？

日本は格差社会に入ったとよく耳にする。

同じサラリーマンでも企業によって給与に大きな格差があるのは、まぎれもない事実だろう。なかでも〝勝ち組〟とされる人たちは外車を乗りまわし、高級マンションにも住んでいる。一般の人とは収入に大きな隔たりがあるにちがいない。

こうしたことを見るにつけ、日本もアメリカ並みの不平等社会に入ったように考えてしまうが、じつはこれも「ジニ係数」でみるとそうでもないのだ。ジニ係数とは所得配分の不平等さを測る指数のことで、係数を0から1の間で示し、0に近いほど貧富の差が少ないといわれている。

総務省が行った調査によれば、日本のジニ係数は0・273。これはドイツの0・261やベルギーの0・255などよりは高いが、フランスの0・288やカナダの0・291、オーストラリアの0・311などよりは低い。つまり、先進国のなかでも貧富の差がないほうなのだ。

ちなみに、ダントツにこの数字が高いのはアメリカで、その反対に最も低いのは福祉国家とされるスウェーデンだ。

とはいえ、日本も1984年から比べてみると少しずつだがジニ係数は高くなっている。これにはさまざまな要因があるようだが、高齢化もそのひとつとされている。

たとえば、公的年金は所得としてみなされないため、高齢者が増えるほど所得のない人が多くなり必然的にこの係数が高くなってしまうのである。

果たして、係数が示すように本当に平等な世の中なのか、あまり実感できないのが庶民の本音かもしれない。

世界の富の4割をたった1%の人々が持っているって本当？

世界一のお金持ちといえばいわずと知れたマイクロソフトの創業者であるビル・ゲイツ氏だろう。その総資産額はおよそ6兆7000億円というから、いかに一代で巨万の富を築いた人物かがわかる。

しかし、その一方で貧困にあえぐ人々が世界には13億人暮らしているという。しかも、3秒にひとりの割合で貧困を原因に子供たちが命を落としている。

この現実を目の当たりにすると、まさにこの地球は不平等社会そのものなのだが、いったい世界の富はどのように配分されているのだろうか。

じつは、富の配分を国連大学研究所が調べている。それによると、世界の家計資産は約130兆ドル。このうちの4割以上をわずか1パーセントの人たちが所有しているというのだ。

さらに、世界の人口の半分の人たちの総資産額を合計しても全体の1パーセントにも満たない。いかにごく一部の人たちに富が集中しているかがわかる。

イタリアの著名な経済学者のパレートは、富の8割は2割の人に集中するという「8対2の法則」を説いたことで知られているが、世界ではそれ以上にアンバランスな富の分配が起きているのである。

ちなみに、世界で裕福な国をみてみると、そのトップはアメリカで次いで日本、そしてドイツの順となっている。日常生活ではそれ

ほど豊かさを感じなくても日本人はやはりリッチなのである。

世界の大企業トップ10のうち9社までを占める業界とは?

21世紀のビジネスは、ＩＴや金融関連の企業がリーダーカンパニーになるといわれている。そういわれてみれば、〝勝ち組企業〟の多くがオフィスを構えるとされる東京都の六本木ヒルズも、その大半はＩＴや金融に関連した企業ばかりである。

それに就職を控えた多くの学生が将来有望な就職先として選ぶのもこの分野の企業だ。

では、これらの成長企業が売上高でも世界のリーダーなのかというと、それがそうでもないのだ。アメリカの経済誌『フォーチュン』

が発表した500社の世界企業ランキングを見ると、ダントツの1位は小売業のウォルマート・ストアーズで、その売上高は3500億ドル。日本円に換算すると約4兆2000億円にもなる。

　ところが、これを除くと10位までの企業はすべて自動車か石油の会社なのである。たとえば、2位は石油のエクソン・モービルで、3位も同じ石油のロイヤル・ダッチ・シェル。自動車はゼネラル・モーターズが5位に入り、その後をわずかな差で日本のトヨタ自動車が追うという構図だ。

　では、21世紀のリーダーカンパニーといわれる金融はどうかというと、13位にようやく保険会社のアイエヌジー・グループが入る程度で、ITとなるとさらに下位の39位になって、はじめて通信業のペライゾン・コミュニケーションズが登場するのだ。個人資産でトップの座にあるビル・ゲイツ会長のマイクロソフトでさえも139位である。

　ちなみに、『フォーチュン』の企業ランキングは売上高を順に並べたもので、利益の順位ではない。だが、いまだに経済界を牽引しているのはITではなく、石油や自動車企業だといえるのである。

石油エネルギーより使える新エネルギーは本当にないの？

　2008年7月に北海道で開催される洞爺湖サミット（主要国首脳会議）で、議題のひとつとして取り上げられる予定なのが地球温暖化の防止策。

　これまでもサミットで話し合われてきたに

もかかわらず、温暖化の原因となる二酸化炭素などの排出量がいっこうに減らないのだ。

そればかりか、世界はエネルギーの大半をいまだに石油に頼っており、二酸化炭素を大量に排出し続けている。なぜ、代替エネルギーの普及がいっこうに進まないのだろう。

日本を例にとると、石油の代替エネルギーとして太陽光発電や風力発電、それにバイオマスや燃料電池など14種類がすでに利用されている。

これだけ種類が揃っていればかなりの電力量を賄えるように思うが、じつは本格的に利用するには発電から供給まであまりにもコストがかかりすぎるのである。

たとえば太陽光発電の場合、設備費を入れると1キロ・ワット時あたりの発電コストは46〜66円。これは電力各社の電気料金の2倍以上にあたる。これではなかなか採用に踏み切れないのも頷ける。

政府は２０１０年までにエネルギー総供給量の3パーセントを新エネルギーに切り替えることを目標としている。しかし、発電コストが割高なため、まだ1パーセント程度しか達成されていないのが実情だ。

地球温暖化の防止は、発電コストの低減がそのカギを握っているといえそうだ。

オフィスを劇的に変えるという「シンクライアント」って何？

いまや、企業や個人を問わずどんなビジネスにも欠かせないのがパソコンだ。これなしで仕事ができる会社はめったにないのではないだろうか。

ところが、ビジネスにとって必要不可欠なパソコンが時としてとんでもないことも引き起こしている。

そのひとつがコンピュータウイルスによる個人情報の流出だ。メールなどを通してファイルがWinny（ウィニー）関連のウイルスに感染し、そこに収められたデータが知らぬ間にインターネットを通じて社外に流れ出してしまうのである。

そこで、最近注目を集めているのが「シンクライアント」だ。シンとは「薄い」、クライアントは「使う人」のこと。直訳するとパソコンと社員との関係を薄くするということになる。

これは社員が使うパソコンの機能を、セキュリティの観点から制限してしまうことある。

たとえば、そのパソコンが社内でネットワークにつながれていれば、そこで利用するアプリケーションソフトをデータともどもサーバーに移し、デスクトップには画面表示と入力専用の端末だけにしてしまうのである。

これなら社員のパソコンにデータを収めたファイルが存在しないので、ウイルスに感染する心配がない。それに、無断で社員が社内データを持ち出すことも防げるようになる。

また、アプリケーションソフトもパソコンそれぞれにインストールせず、サーバーにまとめて入れてしまうので、ソフトのバージョンアップまで含めるとコストを大幅に削減することができる。

シンクライアントはこのように二重三重のメリットがあるため、これからのオフィスでキーワードになることはまず間違いない。ぜひ覚えておきたいキーワードである。

“地デジ”に完全移行したらアナログの電波はどうなる？

すでによく知られているように、２０１１年７月24日までにテレビは完全に地上デジタル放送に移行して、これまでのアナログ放送は終了する。そのためにテレビを買い換えなければならない人も大勢いるだろう。これは、１９５３年にテレビ放送が開始されて以来、日本人が初めて経験するテレビの大改革だといっていい。

ところで、ここで素朴な疑問を感じた人もいるのではないだろうか。今までアナログ放送で使っていた電波帯は、２０１１年７月24日以降はいったいどうなってしまうのだろうか。

じつは、すでにその使い道については検討されている。アナログ放送で使われていた周波数帯は62チャンネルだった。これをデジタル化によって40チャンネルにまで削減することができるという。そして、残った22チャンネルは、それ以降も活用される予定だ。

とはいえ、まだ具体的な使い道が決まっているわけではない。総務省がその使用方法を公募したところ、大学や自治体、そして企業からいろいろなアイデアが集まった。今はまだそれを検討中の段階である。

そんななかで注目と期待を集めているのが、携帯電話会社が進める企画だ。ＮＴＴドコモでは、地デジと同じＩＳＤＢ-Ｔ方式を用いたモバイル向けのマルチメディア放送を研究中だというし、一方のＫＤＤＩとソフトバンクは、携帯電話とは別の周波数を使って携帯電話に動画を配信するサービスを開発中だ。
あるものは有効利用しなければ無駄になるだけだ。新しいメディアの創造に期待したいところである。

世界初の無線LANコミュニティ「FON」とは何？

外出先でインターネットを利用したくなった時、今はたいていの人は携帯電話を利用するか、ネットカフェに飛び込む。あるいはファストフード店などに設置された無線ＬＡＮスポットを利用するなどの選択肢がある。

どれも便利といえば便利だが、かといって携帯電話は有料だし、ネットカフェや無線ＬＡＮが使える店がどこにでもあるというわけではない。要するに、いつでもどこでも好きな時にネットがタダで利用できる、という状況からは程遠い。

しかし、「いつでも、どこでも、好きな時にインターネットがタダで使える」、そんな状況を生み出せるコミュニティがある。世界初の無線ＬＡＮコミュニティ「ＦＯＮ」だ。

「ＦＯＮ」は２００５年にスペインで立ち上げられたネットワークで、発想はごくシンプルである。

専用の無線ＬＡＮルータ（電波や赤外線によるのでケーブルが不要）を使うことで、自分自身が持っている無線ＬＡＮのアクセスポイントを開放すると、誰もが開放された電波のある場所でインターネットが利用できるようになるのだ。

すると、近くにいればユーザー同士はいつでも使える。もちろんタダ、無料である。会員は世界中で増加中なので、まさに世界のどこでも利用可能になるのも夢ではない。

もちろんセキュリティも考えられている。他人のネットワークを使って迷惑メールをばらまいたり、不正アクセスするようなことが起こらないように、「ＦＯＮ」への会員登録とＩＤおよびパスワードできちんとした防犯体制がとられているのだ。

もちろん、会員数が増えなければ意味がないシステムだが、会員数が増えれば増えるほど、利用できるエリアも広がる。

どこが接続しやすいかをユーザー同士が情報交換する「ＦＯＮ　ＭＡＰ」（世界各国が対象）も公開されていて、エリアが拡大しているのは確かだ。日本でもすでに1万カ所以上のアクセスポイントがあり、今も増加中である。

ネット社会から新しい試みとして今後どう展開していくか注目したい。

「国債」を買った時のメリットとは？

個人向け国債の売れ行きが低調だという。長期金利がなかなか上がらないため、銀行の定期預金に預けたほうが高利回りになるのがその理由らしい。

国債は株式などとともに代表的な金融商品として知られているが、投資にはいったいどのようなメリットとデメリットがあるのだろう。

国債は国が発行する債券のことで、政府が元本と利子の全額を保証してくれるのが最大の特徴だ。このため、株式のように会社が倒産して紙切れ同然となってしまう恐れがない。つまり、安心して投資できるのが最大の特徴だ。

　個人向けの国債には「変動10年」と「固定5年」のふたつがあり、ともに１万円から購入できるが、ただし償還期限と年利が違う。

　変動10年ものは償還まで10年かかり、半年ごとに実勢金利に基づいて金利が見直される。つまり、長期金利が上がれば購入時よりも高利回りとなるのだ。

　一方、固定5年もののほうは償還まで5年と短期間だが、金利は購入時に決められてしまう。

　たとえば、２００６年10月15日に発行された固定5年ものの金利は年利１・15パーセント（税引き前）。金利が固定されるので、償還までに長期金利が上がっても年利が変わることはない。

　国債の一番のデメリットは発行から原則１年未満は換金できないことだ（固定5年ものは2年）。国債は発行月から半年ごとに利息が付くが、途中解約をすると過去２回分の利息を返さなければならなくなる。

　つまり、元本が保証されている国債は高利回りよりも安全確実を求める投資家向けということができるのである。

日本でいま「違法コピー」が激減しているのはなぜ？

ビジネスソフトウェアの知的財産保護が世界的な話題になっているが、日本人の違法コピー率は世界的に見てどうなのだろうか。

　非営利団体ＢＳＡ（ビジネスソフトウェア

アライアンス）の統計では、２００６年の日本のソフトウェアの違法コピー率は25パーセント。世界第3位の低さである。

これは同じ調査の前年度の数字28パーセントよりも低下している。なかなか喜ばしいことではある。ちなみに全世界の違法コピー率は35パーセントというから、その数字と比べても日本は優秀だといえるかもしれない。

なぜ日本の違法コピー率が下がったのかというと、最も大きな理由は違法コピーを防ぐ技術的な進歩の賜物である。

音楽や映像などのコピーガードをはじめとして、違法コピーを防ぐ技術革新に優れている日本だからこそ、違法コピーが減っているわけだ。それに加えて著作権法の整備やその浸透もある。もちろん、日本人のモラルの問題もあるだろう。

著作権法違反に対する罰則は現在、「10年以下の懲役または１０００万円以下（法人は3億円以下）の罰金」となっている。かなりの厳罰だ。いずれにしても、わずかずつでも違法コピーが減るのは喜ばしいことだ。

最近は企業内でも違法コピーに対して厳しいチェックをするところが増えているが、それも当然といえば当然の流れなのである。

ただし、違法コピー率の低さ世界3位という順位に喜んでばかりはいられない。たしかに上位3位ではあるが、損害額は約２１４０億円で、これは世界ワースト5位なのだ。

ソフトウェアの市場が拡大すればするほど被害額も増えるという悪循環が起こっているからだが、先進国だからこその重要性を肝に銘じて、違法コピーゼロの社会にしていかなければならないのはいうまでもない。

今をときめく「バイオエネルギー」の問題点とは？

２００７年9月6日、「インスタントラーメンが値上がりする」というニュースが朝の情報番組をにぎわせた。

これは、インスタントラーメンメーカーの日清食品が発表したもので、２００８年1月から定価90円の袋麺が１００円に、同じく１５５円のカップ麺が１７０円に値上げされることになったのだ。

「インスタントラーメンがこんなに話題にのぼるなんて、日本も平和だな～」などと思っていると、それはまさに〝平和ボケ〟そのもの。この値上げには、輸入小麦価格の高騰が大きく絡んでいるのだ。

２００４年の日本の小麦の自給率は14パーセント。つまり、市場に出回っている小麦粉を使った商品のほとんどが輸入小麦で作られている。

小麦の輸入は主に政府が行っていて、それを企業に販売するという仕組みになっているのだが、この政府売渡価格を２００７年10月から10パーセント値上げすると農水省が発表したのだ。

当初、値上げは5パーセント以内に抑えるとしていたものの、国際価格が約１・５倍に高騰したため、予定より大幅な値上げになってしまった。

なぜ、世界の小麦価格がこんなに上昇しているのかというと、その原因はじつは生産量の低下にある。

「バイオエネルギー」という言葉を聞いたこ

とがあると思うが、先に触れたように、いま世界では石油に代わる燃料として植物から採取できるバイオエタノールを使った燃料の実用化が急ピッチで進められている。

これは、石油や石炭などの化石燃料に比べて排出される二酸化炭素量が少ないため、地球温暖化対策に貢献できるということが理由のひとつ。また、ダントツの埋蔵量を誇りながら情勢が不安定な中東地域への輸入依存から脱却したいという狙いも含まれている。

アメリカではバイオエネルギー熱が高まっていて、小麦の生産農家が次々とバイオエタノールの原料となるトウモロコシなどの生産に切り替えている。

その理由は、ズバリ〝儲かる〟からだ。トウモロコシから作るエタノールの生産は、アメリカの一大プロジェクトになっていて、需要は高まる一方なのである。

つまり、大規模農家が食料ではなく燃料としての作物を作り出したものだから、食品原料である小麦の供給量が減り、価格が一気に高騰したというわけだ。

さらに、トウモロコシの争奪戦もすでに始まっており、こちらも価格が高騰している。

それにともなって家畜の飼料も値上がりし、連鎖的に豚肉など食肉の価格にまで影響を及ぼしつつある。

世界的な食糧難が叫ばれているにもかかわらず、何とも本末転倒な話だが、誰もが予想だにしなかった〝悪循環〟が現実に起こってしまっているのだ。

食料自給率がわずか4割というわが国は、輸入に頼っている限り、今後も世界の動きに翻弄される可能性大なのだ。

常識その三

社会

「無期懲役」は最短何年で出所できる?

日本のスパイ機関「公安警察」の仕事の中身とは？

オウム真理教（現・アーレフ）事件が世間の注目を集めた時、連日の報道に頻繁に出てきた「公安警察」という言葉に目を止めた人も多いだろう。

オウム以外では、テロ関連のニュースなどにも時々登場するこの公安警察とは、いったい何なのだろうか。

各都道府県にある警察との違いで説明すれば、犯罪を犯した人物や組織なりを摘発する警察に対して、公安警察は国家の治安を守るための情報収集が主な仕事である。

情報収集とは諜報活動であり、たとえばアメリカのＣＩＡやイギリスのＭＩ６にも通じる仕事をしていることになる。スパイ機関としての側面も持っているわけだ。

具体的にその仕事内容を見ると、内偵をはじめとして聞き込み、尾行、工作、投入など、いかにも「スパイ的」である。調査対象の組織に「協力者」としてのスパイを潜入させることもある。

もともとは戦後すぐにＧＨＱによって解体された「特高警察」の代わりに発足したという背景があり、その活動の対象は左翼・右翼団体、新興宗教、犯罪組織、労働運動組織などが主だ。

また、オウム真理教事件以来、特に宗教関連組織への活動が強化されている。

とはいえ、その活動は法律すれすれのことも少なくない。かつて「共産党幹部宅盗聴事件」などを起こしたように、その存在は表に

酢っぱい梅干しに盗聴機を
仕込んだら
機械がこわれて
スッパイして
すまったよ.0015.
とうちよう…なんつって
スパイ…
向いてないん
じゃないの?
0013…

出ることなく常に物議を醸している。

さらには、純活動費として年間約470億円もの税金が使われているにもかかわらず、その詳細が一切明らかにされていないなど、不透明な部分が多いのも問題視されている。

組織の性格上、完全に透明というわけにもいかない、という考え方もあるだろう。しかし、一方で国民がその実態を知る権利があるのではないかという議論もあり、今後の大きな課題となっている。

「無期懲役」は最短何年で出所できる?

死刑の次に重い刑とされるのが無期懲役。「一生、刑務所から出ることができない」というのがその定義だが、しかし仮釈放という制度があるために、実際には何年か後には出所できるのだろうと考えている人は多い。

　しかし、これは本当なのだろうか。真面目に務めていれば、無期懲役の判決が下された受刑者でも、数年で社会に戻ることができるのだろうか。

　結論から先にいえば「あり得ない」。それは甘い考えである。

　無期懲役に対する考え方は、今はかなり厳しくなっている。特に2000年以降は、最低20年以上服役していなければ仮釈放されないという考え方が強い。

　事実、2003年以降に仮釈放になった無期囚が28人いるが、このなかには服役期間が20年以内の者はひとりもいない。さらにここ数年は、いくら模範囚であっても最低でも25年以上服役していなければ、仮釈放の対象になっていないのが現実である。

　それに仮釈放というのは、けっして刑の執行の終了ではない。「刑務所での服役」ではなく「社会内での保護観察」という形で執行が引き続き行われるのだ。

　そのために、仮釈放後の引受人や帰住地環境などが徹底的に調査され、保護観察下に置かれる。長期の外出には必ず許可が必要となるなどの制約が一生続く。

　つまり、一度無期懲役の審判が下されれば、生きている限り、それから逃れることはできない。だからこその「無期」なのだ。

世界でも珍しい「戸籍制度」が日本にあるのはなぜ?

外国映画を観ていると、警察官が一般市民

に「身分を証明するものは？」と、何らかの身分証明書の提示を求める場面がよくある。

ところが、同じ身分証明に関することでも「戸籍」が話題になることはない。「結婚して、あなたの籍に入りたい」とか「あなたの本籍はどこ？」などという会話をしている外国人などは見たことがない。なぜか？

答えは簡単だ。外国にはほとんどの場合、戸籍制度がないからだ。日本人にとってはごく当たり前の戸籍制度だが、世界中で見ても戸籍制度は、じつは日本、韓国、台湾などにしかない。

日本で戸籍という考え方が採用されたのは大化の改新（645年）以降の律令制の時代だった。ところが貴族社会になると、農村における実力者のみを政府が把握する制度に変わったために戸籍制度はなくなり、それが長い間続く。

再び戸籍制度が復活するのは明治以降である。その根底にあるのは、筆頭者を中心にした「戸」の中に誰が住んでいるかを把握することによって国家の統制をとる、という考え方である。

いわば、「戸」にどんな人間が所属しているかを確認するのが戸籍制度なのだ。

これは、あくまでも個人登録を基本とする欧米諸国の身分登録制度とは根本的に考え方が異なる。世界的に見れば、かなり独特な制度だといえる。

とはいえ、日本でも個人主義的な身分登録制度を考えるべきではないかという議論もある。また、近年は夫婦別姓問題や個人のプライバシーの保護問題など、新たな問題とからめて戸籍制度が語られることも増えてきた。

産科医が減っているのはじつは少子化のせいだけじゃない？

「出産難民」という信じられない言葉がある。

出産したくても、自分が希望する地域に産科がなく、どこで出産すればいいかわからない、あるいは、あっても分娩予約がいっぱいで受け付けてもらえないで困っている、そんな妊婦のことをさす。

出産難民急増の背景にあるのは、深刻な産科医の減少だ。

日本産婦人科学会の調べでは、２００３年4月から２００５年7月までの2年間で産科医が8パーセントも減少、出産可能な病院も9パーセント減少しているという。

あれほど深刻な問題だった出生率は団塊ジュニアの出産により上昇する兆しが見えてきた。この時期に産科医の減少とは皮肉なものだが、その理由は何なのか。

主な原因はふたつある。まずひとつは、あまりにも過酷な労働条件だ。

出産は時間を問わない。ひとつの病院に産科医の数が少ない場合は、どうしても３６５日24時間体制という産科医が出てくる。緊急に帝王切開の手術をしなければならないなどの激務も多い。

過剰な夜勤や土日出勤で常に体はボロボロ、自分の生活もままならないという医師も少なくない。これでは、辞めていく産科医が多いのもうなずける。

それに加えて産科医の大きなプレッシャーを招いているのが、訴訟リスクの大きさだ。

たしかに日本の医療技術は世界トップレベル

であり、産科医に関してもそれは同じである。

しかし、その一方で出産年齢の上昇や多胎妊娠の増加で、今までは「危険ではない」とされてきた出産に新たなリスクが増えているのだ。

当然、医師にかかる負担も大きくなる。そして万が一何らかの事故が起これば、訴訟ということもある。産科医はそのプレッシャーとも戦わなければならないのだ。

産科婦人科学会はこうした状況の改善を目指して、人口30～１００万人の地域ごとに10人以上の産科医が待機する中核病院を作るなどの対策を考えている。

しかし、産科医の絶対数が減っている今、すぐに状況が改善されるとも思えない。

出産は日々の出来事である。早急に何とかしなければならない問題なのだが…。

首都高の距離別課金制度は本当におトクなの？

走る距離が長くても短くても一律７００円という首都高の料金は理不尽だ、そう感じている人も多いだろう。

以前から料金制度の見直しが叫ばれてきた東京の首都高速道路だが、ついに２００８年からは距離制課金、つまり走る距離によって料金が変わる制度が始まる。

「これでやっと平等になる」と安心する人もいるだろうが、納得するのは早い。じつは、すでに疑問の声が上がっているのだ。

現在検討されているのは、初乗り料金が２１０円、それ以降は１キロメートル当たり31円の距離料金を加算するという計算方法。

これだと3キロメートル走れば300円くらいで、高速道路として順当な料金となるはずなのだ。「短い距離しか首都高に乗らないのに700円は高い」という不満を持っていたドライバーにはうれしい話だ。

しかし、逆に首都高を長く走るドライバーにとっては話が違ってくる。計算では、最長の距離で1700円ほどになり、実質的にはかなりの値上げになるのだ。

また、首都高速道路側は「近距離でも首都高を使うドライバーが増えて、一般道の渋滞緩和にもつながる」と主張している。

しかし、今までは「遠くまで走っても700円だから首都高を利用しよう」と考えていたドライバーが一般道を利用するケースも増えるはずだ。そう簡単に一般道の渋滞緩和につながるはずがないという声も多い。

だいいち、この距離制課金はETC装着車だけが対象であり、ETCをつけていない車をどうするかはじつはまだ考慮中なのだ。

すべての利用者が納得するシステムを考え出すのはたしかに難しい。しかし、日常的に利用する首都高なのだから、やはり誰もが気持ちよく受け入れることができるシステムにしてほしいものである。

そもそも「刑事裁判」と「民事裁判」の違いって何？

たとえば、ひとつの殺人事件が起こったとする。この事件に関して、刑事裁判と民事裁判と両方の裁判が行われる場合がある。

いったいどうして？　と思う人もいるだろうが、これはけっして不思議なことではない。

刑事裁判と民事裁判とはまったく異なるものなのだ。

まず刑事裁判とは何か。犯罪を起こした犯人を発見して検挙し、その犯人が犯した犯罪についてどのような刑罰を科すのが適当かを審理するものである。

ここで注意しなければならないのは、刑事裁判の場合、犯人を訴えるのはあくまでも「国＝検察官」であるということだ。けっして被害者ではない。だから被害者と犯人とが争うのではなく、あくまでも検察官と犯人との間での審理ということになる。

そして、刑事裁判で決定されるのは、「懲役○年」とか「罰金○○円」といった、犯人に対する社会的制裁の内容である。つまり、その犯罪によって被害者が失ったものに対する補償などは一切審理されないわけだ。

一方、民事裁判とは何か。これは個人と個人との紛争を法的に解決するためのものである。金銭の貸し借り、土地の問題、相続問題、離婚、家庭内の揉め事など、人の暮らしのなかで生じた争い事に関しては民事裁判で審理される。

そしてここでは、実際に不利益をこうむった者が、不利益を強いた者から何らかの補償を受けることが決められる場合もある。

ひとつの殺人事件に関して刑事と民事、両方の裁判が開かれるということは、刑事裁判では殺人を犯した犯人の罪について争われ、犯人への刑罰が決められる。そして今度は民事裁判で、殺された被害者の遺族が、被害者が死んだことによってこうむる不利益を犯人に補償してもらうことに関して審理する、ということなのである。

動物愛護管理法で科せられる〝捨てワニ〟の罰金はいくら？

アメリカには、都市の下水道に捨てられて巨大化したワニが無数に棲息しているという都市伝説があるが、日本でも時々、飼い主が飼育に困って捨てたワニやヘビなどのニュースが世間を騒がしている。

最初は物珍しくて飼育を始めたのだろうが、成長していくに従い飼うのが大変になると捨ててしまうというのは無責任な話である。

それに、ワニのように人間や他の動物に危害を加える可能性のある動物を遺棄されたのでは、まわりはたまったものではない。無責任というだけでは済まないだろう。

果たして、こういった身勝手で危険な行為を取り締まる法律はないのだろうか。

もちろんある。「動物愛護管理法」だ。

この法律は2006年6月に大幅に改正された。というのも、近年、今までにないようなペットを飼育する人が増え、それにともないワニを遺棄するような無責任な行動をとる人が急増しているからだ。

それに加えて、畜産動物や実験動物に関しても新しい種類が増えて、それまでの法律ではカバーしきれなくなったという背景がある。特に、不妊去勢手術や感染症については厳しく明記されているのが特徴だ。

では、ワニを捨てるという行為に対して、この法律はどう定めているのだろうか。

愛護動物をみだりに殺し、または傷つけた場合は「1年以下の懲役又は100万円以下の罰金」に処せられる。また、動物にエサや

水を与えないで衰弱させたり、遺棄した場合には「50万円以下の罰金」となる。

動物も、人間と同じようにひとつの大切な命である。本当はこんな法律がなくても、人間と動物は共存していなければならないはず。せめて法律を守って、よりよい共存の形を守りたいものだ。

今度は「2012年問題」が勃発するって本当？

かつて「２００７年問題」が大騒ぎになった。

団塊の世代にあたる約６８０万人が定年退職を迎え一気に職場を去ると、コンピュータ分野をはじめとして優れた技術を継承していく人がいなくなり、職場が大混乱するのではないかと懸念されたのだ。

しかし、あれほど大騒ぎされたわりには、その後は何も起こらなかった。その大きな理由のひとつは、国や企業がそれに備えて手を打ったからである。

たとえば「改正高齢者雇用安定法」の施行だ。これは「定年年齢を65歳に引き上げる」、または「定年を廃止する」、または「定年退職者のうち希望者を嘱託などの身分で引き続き雇用する継続雇用制度を導入する」といった対策を企業に強く求めたもの。

ちょうど景気も上向きになり始めた時期だったため、実際85パーセントもの企業がこれらの対策を行った。そのために、危惧されたような「2007年問題」は起こらなかったのだ。

しかし、それらの人々がいつまでも働き続けるわけではない。いつかは本当に引退する時がくる。定年が過ぎて5年、つまり65歳までには完全引退する人が増えるだろうとみられている。

そこで今、新たにクローズアップされているのが「2012年問題」だ。

つまり、定年の時に退職しなかった団塊の世代の人々が、いよいよ本当に第一線を退く2012年にこそ本当の危機がやってくるというわけである。

ニッセイ基礎研究所の推計によると、高齢者の再雇用が進まなければ、日本の労働力人口の減少数は2007年の33万人から少しずつ増加し始め、2012年および2013年に46万人のピークを迎えることになる。

この数字だけを見ると、たしかに何らかのクライシスが迫っているかのような印象も受けるが、やはり「2012年問題」勃発なのだろうか？

しかし、それを疑問視する考え方もある。そもそも60歳の時点で仕事をしている人の数は、年齢人口の62・5パーセント。働いていない人は結構多い。しかも、59歳と61歳とで仕事をしている人の数を比べると、その差はわずか14パーセントしかない。

2006〜2008年にかけての定年退職者数の増加は、前年比で5〜6万人程度。雇用者総数5355万人に比べて、何らかのインパクトを与える数字かどうか、かなり疑問である。

これから2012年が近づくにつれて、2007年問題の時のような議論が起こるだろう。しかし、今度は少し冷静になって考えてもいいかもしれない。

「飲酒運転で罰金100万円」の効果は果たして出た？

2007年10月末、「飲酒運転の事故、4割減る」というニュースが多くの人の目に止まったはずだ。

2007年9月19日より道路交通法が改正になり、飲酒運転の罰則が「5年以下の懲役または100万円以下の罰金」（改正前は「3年以下の懲役または50万円以下の罰金」）と定められた。

その後1カ月経って、道交法改正によってどんな変化が起こるか世間の注目が集まっていたが、飲酒運転による事故が4割も減ったということは今回の改正には大きな効果があったといっていいだろう。

「罰金100万円」という金額、最初に聞いた時は驚いたという人も多いはずだ。ちなみに、無免許運転の罰金は30万円以下、スピード違反（一般道路で25km以上30km未満の罰金は1万8000円）と比べても100万円はかなり大きい。

さらに、運転者が飲酒していることを知りながら車に同乗したり、あるいは運転するのがわかっていて酒を提供した人に対しても、「3年以下の懲役または50万円以下の罰金」（改正前は、道交法による罰則なし）が科せられることになった。

徹底的に飲酒運転を追放しようという当局の姿勢と意欲がありありとうかがえる。なかには「いきなりそんな厳しくしなくてもいいだろう」と反発する人もいるかもしれない。

しかし、飲酒運転での悲惨な事故などを見ると、むしろ100万円でも安いという考えも出てくる。

「罰則を厳しくすれば、違反もなくなる」という理屈が必ずしも通用するとは限らない。しかし飲酒運転に関していえば、改正直後は大いに効果ありという結果が出たのである。

「NGO」と「NPO」はどこがどう違う？

名前が似ているから、つい混同しがちなのが「NGO」と「NPO」だ。

名前だけではなく、活動内容も似ているような印象があるが、しかし、根本的にこれらは異なる存在である。その定義を確かめておこう。

まず、「NPO」。これは「Non Profit

Organization」の略である。

直訳すれば、「利益を目的としない組織」だが、特に「民間」非営利組織として限定されるものだ。だから当然のことながら利益分配はない。

また、理事会などの意思決定機関を持つ自己統治的な組織であることが必要だ。その活動分野はかなり多岐にわたっており、医療や人権問題、文化、環境、教育、海外援助など幅広い。

そして、「ＮＧＯ」。これは「Non Governmental Organization」の略である。

もともとは、国連と政府以外の民間団体との協力関係について定めた国連憲章第71条で使われたのが始まりだった。

その後、国連や国際会議などで民間団体をさして使われるようになったのが、ＮＧＯという呼び方だ。

本来は、政府や国際機関とは切り離された「民間団体」であることを意味するにすぎず、広い意味で「非政府組織」をさしていた。ただし日本では、「国際協力に携わる民間組織」という形で限定的に理解されている。

ただ、こう説明しても、やはりＮＰＯとＮＧＯは似ている。

どこがどう違うのかというのはなかなか難しいが、考え方でいえば「非営利」を強調したのはＮＰＯであり、「非政府」を強調したのがＮＧＯということになる。

また、主に国内で活動するのがＮＰＯであり、国際社会と関わるのはＮＧＯという言い方もできる。たしかにやや複雑だが、常識として、その区別くらいは認識しておいたほうがいいだろう。

「住民基本台帳」にはどんな情報が載っている？

個人情報の保護が叫ばれて久しいが、施行に至るまでその是非が取沙汰されたのが「住民基本台帳ネットワーク」、いわゆる「住基ネット」である。

念のためにおさらいすると、住基ネットは各地方自治体が管理する住民基本台帳を電子化して、コンピュータのネットワークを介しその情報を共有するシステム。

すべての国民に11桁の番号をつけることで、本人確認をスムーズにし、あらゆる行政サービスの合理化をはかるというものである。

台帳に記載される情報は市町村、都道府県、そして財団法人地方自治情報センターが、それぞれ設置するサーバーに保存。必要に応じて相互利用し、情報を交換するといった仕組みだ。これによって転居や転出、パスポート取得や年金の受給などの事務手続きが円滑になるというわけである。

だが、ネットワークやサーバーの情報漏洩の危惧や、活用方法を疑問視する声があるなど、国民総背番号制への反発は根強く、なかにはネットワークの不備を理由に導入を拒否している自治体もある。

そこで改めて、この基本台帳にはどんな個人情報が含まれているのかというと、氏名、性別、住所、生年月日の4つである。これが記載されＩＣチップが埋め込まれたカードが「住民基本台帳カード」で、それを提示すれば本人確認が可能だ。

正直、その4項目ならたいしたことないじ

ゃないかと思うかもしれないが、反対派からすれば「悪用されるには十分な情報量」という見方もできる。

それにより、不正な改ざんや不正流用、差別問題など、想定されるトラブルは尽きないというのだ。特に今後、よりいっそう拡大するインターネット社会では、個人情報の保護は最重要課題のひとつだ。

国民すべてを番号化すること自体への抵抗も手伝って、住基ネットが手放しで歓迎される状況には、まだまだほど遠いのが現状なのである。

「完全勝訴」と「全面勝訴」ってそんなに違いがあるの？

テレビドラマでよく法廷のシーンがオンエアされるが、ほとんどが弁護士と検事のやりとりが中心で、肝心の判決のシーンなどあまり重要視されていない場合が多い。

しかし、本来、裁判で一番重要なことは原告が勝つか負けるかの判決にかかっているといっても過言ではない。

裁判は原告といって訴状を出した側と訴えられた被告人の間で争われるひとつの勝負でもあるからだ。

いくら原告に非がなくても、裁判になれば、自分の主張を十分に立証できないと、どんな正当なことをいっても認められず敗訴となる（これを立証責任という）可能性さえある。

自分の主張が立証されることで勝訴となるのだが、この勝訴にも、「完全勝訴」と「全面勝訴」というものがある。

完全勝訴は文字通り、原告の起訴内容が完

全に受け入れられたことであり、全面勝訴とは原告の要求が完全に受け入れられているのではなく、何かしら軽減されて受け入れられたことである。

　たとえば離婚慰謝料請求を５００万円と要求して、判決で５００万と決まれば完全勝訴、３５０万円とされた場合は全面勝訴ということになる。

　そのほかに「一部勝訴」というのもあり、痛み分け判決ともいわれる。原告、被告どちらよりでもないような判決といえるのだ。

　もちろん原告が不服とする場合には、上告や再審請求といってあらためて裁判を起こす権利もある。

　現実の裁判では、すぐに判決がでるようなことはなく、立証責任もかなり吟味される。ドラマのようにスマートに展開されるのは稀で、そう簡単には判決が下されることはない。裁判とは時間を要する闘いの場でもあるのだ。

再生紙はじつはまったくエコじゃないって本当？

「地球にやさしい」という言葉は、エコロジーの代名詞的役割を果たしているが、このエコロジー的発想が本当に地球にやさしいかどうかということは疑問なのだ。

　20世紀に急激に発達した大量消費文化のツケで、地球の環境が脅かされる時代に突入しているのは事実。

　なかでも特に深刻なのは二酸化炭素による地球温暖化の問題である。温暖化の対策としてさまざまなエコロジー的ムーブメントが起こっているが、再生紙の利用もそのひとつにあげられる。

たとえば、紙1トンを作るためには木材が2〜3トン必要なので、紙の使用量が多ければ多いだけ樹木が伐採されることになる。

樹木が二酸化炭素を吸収することで大気のバランスをとっている地球だが、そのバランスが崩れることで地球に二酸化炭素が発生し、その結果温暖化が進むのだ。

その対策として再生紙利用が考えられたのだが、１００パーセントの再生紙を精製する過程で化石燃料を使うことにより、二酸化炭素の排出量が普通紙より多くなる場合があることがわかった。このため、製紙業界大手の日本製紙では古紙１００パーセント配合紙の製造中止を決めたのである。

再生紙問題だけでなく、２００8年からは東京23区ではプラスチックも再び可燃ゴミに分類されることになったが、このことを問題視する向きもある。

廃棄プラスチックを焼却するには高温処理が不可欠であり、その結果かなり有毒な化学物質が発生する可能性があると指摘されているからだ。

そのため23区の区議のなかには廃プラスチックを可燃ゴミにすることに反対する人も多い。地球環境を守るためには、なるべくゴミを出さないように生活することが一番ということになりそうだ。

日本の〝地下空間〟は いったいどこまで利用できる?

いま、東京都で計画しているのが「外かく環状道路」だ。

都心から放射状に延びる高速道路を環状につなぐ道路で、これを利用するとドライバーは都心を通らず隣県に抜けられる。完成すれば渋滞の緩和に役立ち、経済効果も大きいという。

とはいえ、すでに都内には縦横無尽に道路や鉄道が張り巡らされている。新しい道路など建設できるのだろうか。

じつは、この道路は東京の地下に通す予定なのだ。それも深さ40メートル以上という非常に深いところにトンネルを掘り、そこに通すことを計画している。

ここまで掘り下げると一般のビルの地下室より深く、またガスや水道などの配管にもまったく影響しなくなる。

そこで国はこれを「大深度地下」として、平成12年に「大深度地下の公共的使用に関する特別措置法」を施行し、これを利用できるようにしたのである。

ただし、建設が認められるのは道路や地下鉄などといった公共性の極めて高い事業だけで、また地域も首都圏や近畿圏の市街地など限定されている。

とはいえ、ここまで地下深い場所に建設することになると、これまでの地下工事より建設コストが格段にかかり、完成後の維持管理や安全性などにも問題が残る。

このため、実現するにはいくつものハードルを乗り越えていかなければならず、具体化までにはまだまだ時間がかかりそうだ。

大深度地下は首都圏の下にまったく利用されていない土地を発見したようなものだ。今後さまざまな開発が行われることはまず間違いない。

常識その四

暮らし

「出生届」と「死亡届」出さないままだとどうなる?

自転車は歩道と車道どちらを走ればいいの？

自転車に乗っている時に、車がビュンビュン走っている車道よりも安全な「歩道」を走る人は多い。

しかし自転車は、道路交通法では「軽車両」に分類されるれっきとした〝車両〟なのである。

歩道と車道が区別された道路では、自転車は「車道の左側端」を通行しなければならないと定められているのだ。

したがって、自転車が歩道を走行することは交通違反を犯していることになる。もし起訴されるようなことがあって有罪判決が下れば、「3カ月以下の懲役または5万円以下の罰金」が科される。

自転車には、自動車のように刑事罰を免れるための反則金制度がないので、刑が確定すれば前科がついてしまうのだ。

といっても、「自転車通行可」の標識がついている歩道なら、通行は許される。ただし、この歩道にも制限がある。

「徐行」「歩行者の通行を妨げる時は一時停止」「歩道中央から車道寄りの部分を通行（標識による指定がない時）」といったことを守らなければならない。

これらに違反した場合は、それぞれ「2万円以下の罰金または科料」の罰則が待っているのだ。

自転車の歩道走行のルールは、2007年6月に成立した改正道路交通法でさらに細かくなった。

自転車が車道を走る危険性も考慮され、「運転者が児童・幼児の場合」や「安全上やむを得ないと認められる場合」なら歩道通行はできるとしている。

しかし歩道では、あくまでも歩行者優先が大原則であることを忘れてはならないのだ。

意外と知らないマンションの専有部分と共有部分って？

マンションなどの集合住宅には「専有部分」と「共有部分」があることはよく知られているところだ。

「鍵がかかるところが専有部分で、みんなが使う部分が共有部分」くらいの認識の人が多いかもしれないが、この専有部分と共有部分、しっかりと理解しておかないと思わぬトラブルの原因ともなる。

専有部分と共有部分をひと言で説明するなら、専有部分というのはマンションの各戸の境の壁（構造壁）の内側から内側までで、それ以外の部分はすべて共有部分になる。

厳密にいうなら、壁そのものは共有部分だが壁紙は専有部分に当たる。これは壁そのものを各戸の専有部分とすると、勝手に壁を削ったり、窓をつくられたりする可能性があり、それでは建物そのものの強度を著しく損なうからである。

各戸の間取りを区切っている壁は内装の一種であり、取り払ってしまっても建物の強度に影響がないため専有部分とされ、自分で自由に模様替えができる。

ただしこの場合でも、一戸あたりの面積が広いマンションで、部屋の中に構造壁がある場合は、その壁については共有部分になる。

ところで、よく勘違いされやすいのがベランダ（バルコニー）の区分だ。

普段はそれぞれで専有して使用しているために専有部分だと思っている人が多いのだが、ここは緊急時には避難通路となるため、所有者が勝手な改造をすると避難の妨げになる可能性がある。原則的に共有部分として、平常時の専有使用権を認める形式になっているケースがほとんどだ。

このため、ベランダに物置やサンルームなどを勝手に設置することは共有部分の不法使用に当たるので注意が必要だ。

隣近所が密接しているマンションでの生活ではつき合いが大切だ。共有部分をしっかり確認して、スマートなマンション生活を心がけたい。

運転しながら携帯電話を使うとどんな罰が待っている？

すべての国民に関わる事柄なのに、なぜかいつも人知れず変わっている感のある日本の法律。なかでも頻繁に変わるのが道路交通法で、ほぼ毎年何らかの改正があるにもかかわらず、いまいち浸透度が低いのは単に我々国民の意識が低いせいなのか。

たとえば、車に乗る人なら「運転中のケータイはＮＧ」ということは誰もが肝に銘じているはず。だが「運転中のケータイ使用」で取り締まられた場合、具体的にどのような処罰を受けるか正確に知っている人はあまり多くないだろう。

一般的には「罰則の対象となるのは運転中

の使用によって危険な事態を招いた場合のみ」と認識されているかもしれない。

つまり「携帯電話の使用により前方不注意などで事故が起きた場合は罰せられるが、そうでない限りは処罰の対象にはならない」。言い方を変えれば「事故さえ起こさなければ見逃される行為」という大甘な認識である。

だがじつは、２００５年にその内容は改正されている。「運転中に携帯電話を保持して通話したり、メールの送受信のために画像表示を注視したりした場合、交通の危険を生じさせなくても罰則の対象とする」と、とにかく「運転中にケータイを使えば即罰則！」と、かなり厳しいものになったのである。

具体的には１点減点と６０００円の反則金（原付バイクは５０００円の反則金）。さらに５万円以下の罰則金だ。

軽度の罪に対して義務づけられている反則金に対し、罰則金は事故の度合いによって刑事裁判で金額が決定される厳罰である。

「事故さえ起こさなければ」「ほんの少しなら…」今後はこのような軽い気持ちでいると、いろいろな意味で取り返しのつかないことになるのだ。

「連帯保証人」にだけはなるなと言われる理由とは？

日本はいわば判子社会。会社の重要書類に判子、宅配便の受け取りにも判子、新車を買うのもマンションを買うのも判子…。

判子がこれだけ実効性を持つのは、世界広しといえど日本だけだと思われるが、絶対に判子を押してはいけないとされるものに「連帯保証人」がある。

たしかに周囲には、連帯保証人になったがために「家族が崩壊した」「自己破産した」など、惨憺《さんたん》たる目に遭っている人が多少なりともいる。万一のためにも、いま一度連帯保証人がいったいどういうものか、おさらいしておく必要があるだろう。

住宅の賃貸契約を結ぶ時やカネを借りる時など、日本では必ずといっていいほど保証人が必要になる。しかもたいていは、単なる保証人ではなく連帯保証人をたてるようにいわれる。

では、単なる保証人と連帯保証人は何が違うのか。

たとえば、友人が金融機関から借金をして、あなたが保証人になったとする。万一、友人の支払いが滞った時、業者があなたに支払いを要求しても「まず友人に請求してほしい」とつっぱねることはできるが、連帯保証人だとそうはいかない。

仮にその友人に隠し財産があり支払い能力があったとしても、貸した側は即座にあなたに支払いを要求することができる。したがって、友人の財産より連帯保証人であるあなたの財産が先に差し押さえられる可能性だってあるのだ。

また保証人の場合は、複数いれば借金を頭割りして返済すればいいが、連帯保証人は何人いようと全額を支払わねばならない。

つまり「連帯保証人」になるということは、借金をした人間と同等の支払い義務が生じる可能性があるということなのである。

たとえ相手が頭の上らない上司であれ、命の恩人であれ、連帯保証人にだけはなるなといわれるのはこんな理由からだ。どんな事情があっても安易に判子をつかず、慎重な対応をとるのが賢明だろう。

「追い越し」と「追い抜き」罰金が科せられるのはどっち？

路肩に車を停めて、ほんの2〜3分のあいだにATMでお金をおろした。戻ってみるとなんと駐車禁止の取り締まり中。反則切符を切ろうとする警察官に対し、「これは駐車じゃなくて停車でしょ」

「いえ、駐車違反です」

「だって、たったの2分ですよ」

「いえ、駐車違反です」と押し問答をしている光景を見かけたりする。

果たしてこれは停車だろうか、それとも駐車だろうか。

結論からいうと、これは警察の言う通り「駐車」になる。道路交通法によれば、駐車は「運転者が車から離れていて、すぐに運転できない状態」のことで、たとえその時間が3分だろうが1分だろうが関係ない。

一方の「停車」は、駐車にあたらない短時間の車の停止のことをいう。たとえば、人の乗り降りや5分以内の荷物の積み下ろしといった場合のみに適用される。もちろん、そこが駐停車禁止場所であれば、停車であっても当然取り締まりの対象になる。

現在、駐車違反は1点減点の反則金1万円、駐停車違反は2点減点の反則金1万2000円。レッカー移動されれば、ここにレッカー代と車両保管費も加算される。

このように交通ルールに出てくる用語は似

て非なるものが多い。もちろん免許取得者ならきちんと把握しておくのが当たり前だが、紛らわしいゆえに勘違いして覚えている人もいることだろう。

また、「追い越し」と「追い抜き」も混同しやすい。「追い越し」は同一車線を走行している車両に追いつき、進路変更をして前に出ることで、「追い抜き」は別車線で進路変更をしないで前に出ることをいう。

追い越し禁止車線で追い越しをすれば、2点減点の反則金は9000円。追い抜き禁止という罰則はないが、たとえば横断歩道の30メートル手前からは追い越しも追い抜きも禁止になるので、それに違反すれば処罰される。

もちろん迷惑駐車や危険運転はしないのが大前提。昨今は、いっそう運転者のモラル向上が求められていることを肝に銘じよう。

「出生届」と「死亡届」出さないままだとどうなる？

出生届と死亡届は誰でも必ず提出しなければならない、戸籍に記される重要な届出だ。

当たり前だが、これらふたつはいずれも本人には出すことができないという共通点がある。このため重要であるにもかかわらず、家族の誰かが出しただろうという思い込みや勘違いによって出し忘れてしまう危険がある。

では、これらの届はいつまでに届けなければならないのだろうか？

出生届（正式には出生届書）は生後14日以内に医師または助産師による「出生証明書」を添付して出生地か本籍地、届出人の住所地の市区町村役場に提出する。これが「忙しい」

「忘れていた」など正当とみなされない理由で期限を過ぎると、3万円以下の過料を徴収されることがある。

過料は一種の罰金だが刑事罰ではないので、前科になることはない。しかし、役所に催促されても届出なかった場合は過料は5万円以下にアップしてしまう。

届出の時にはもちろん名前を決めておく必要があるが、期限内に名前が決まらなかった場合でも、名前の欄を空白で提出して後日、「追完届」を出して名前を記載してもらう方法もある。

ただしこの場合は、名前が未定で出生届が出されたことが戸籍に記載されるので注意が必要だ。なお、国外で生まれた場合は届出の期限は生まれた日から3カ月以内となる。

一方、死亡届（正式には死亡届書）は死亡を知った日から7日以内に届けなければならない。この場合も医師による「死亡証明書」の添付が必要となっている。

死亡届も出生届と同様に正当な理由なく届が遅れた場合には、3万円以下の過料を徴収される場合がある。また、国外で死亡した場合の期限は、死亡を知った日から3カ月以内となる。

ちなみに、婚姻届には届出の期限はない。出生届や死亡届と違って、婚姻届の場合は届出の日が婚姻の日となり、その時点から効力を発するからである。

「女性シェルター」って いったいどんなところ？

お互いに愛し合って結婚した以上、いつま

でも仲睦まじく添い遂げたいと願うのは当然のこと。しかし、現実には配偶者に対する暴力行為が相手を深く傷つけてしまうＤＶ（ドメスティック・バイオレンス）が後を絶たない。

特に家庭以外に生活の場を持たない主婦が被害を受けた時には逃げ場のない状態となってしまい、事態は深刻そのものだ。

そこでこれらの被害を受けた女性を一時的に保護し、自立のための準備期間を過ごすための施設が「女性シェルター」である。

これらのシェルターは加害者（男性）の許から逃げ出してきた女性が、安心して過ごせるように考えられたいくつかの特徴を持っている。

たとえば、シェルターが実際にどこにあるのかは各運営団体のトップシークレットとなっていて、シェルターの入所者と運営団体のトップ、直接関係するスタッフしか知らないことが多い。これは加害者にシェルターの所在地が知れてしまうと、重大なトラブルが起こるケースが少なくないためだ。

また、入所者が信用している友人や家族から所在がもれてしまうケースもあるので、原則として入所者が外部に連絡をとることは制限されている場合が多い。

このため、シェルターの窓口となっているのは、ＤＶ問題の相談事業を行っている各地の女性センターや福祉事務所などである。

これらの相談窓口では被害女性の状況を把握し、シェルターへの入所のほか、必要に応じた警察への届出、心身の回復のための医学的・心理的指導および助言などを行っている。

一方、シェルターでは入所者に対してカウ

ンセリングなどを行い、シェルターを出た後の生活の設計をサポートする。新たな住居の手配や仕事探し、公的援助の申し込みなど、シェルターの運営団体などのスタッフによってきめ細かいサポートが提供されているのだ。

このように重要な役割を果たしている女性シェルターだが、その運営団体は大半が民間のボランティア団体やＮＰＯ法人であり、厳しい財政状況のなか運営している団体が少なくない。今後は更なる公的な援助が求められているのが現状だ。

捺印、止め印、訂正印の正しい押し方とは？

私たち日本人は宅配便の受け取りから重要な契約まで、さまざまな場面で判子を押す。ところが、同じ判子でも押す場所や場面で意味が違ってきてしまうので注意が必要だ。

「捺印」とは判子を押すこと全般をさす最も一般的な言葉だが、通常は書類を作成したのが本人であることを証明するために文書の最後に名前を記し、その後ろに捺印する。

この場合、本人の直筆による署名（自署）であるかどうかを問わず捺印があれば有効とされている。

「止め印」は契約書などを作成する際に文書の末尾に押して、そこより先は「空白」であることを示し、相手や第三者が勝手に条件などを書き加えられないようにするためのものである。同様の意味で文書の末尾に「以下余白」などと記入することがあるが、それも同等の効果を持つ。

また、「訂正印」とは、文書に訂正が生じ

た場合に押して訂正した人を明らかにするものだ。

正式には赤の二重線（削除の場合は黒の二重線）で訂正箇所を抹消し、その右（横書き文書の場合は上）に訂正した文言を書き加えて訂正印を押す。必要に応じて「六字削除」「三字加入」などと訂正した文字数を記す場合もある。

なお、文具店などでは「訂正印」と称して小型の判子を売っているが、公式には訂正印はその文書に捺印したものと同じ判子を使用し、捺印者全員の訂正が必要とされるのだ。

私たちの生活に長い間密着している「判子を押す」という行為だが、判子を押すのは一瞬でも、時として大きな失敗や後悔を招く結果となることもある。正しい知識で不要な捺印はしないように心がけたい。

気象情報の「不快指数」はどうやって算出している？

じめじめした梅雨の時期、朝の情報番組ではお天気お姉さんが「今日の不快指数は80パーセントです」と笑顔で解説。その言葉に「ああ、やっぱり」と思わず納得させられてしまった経験は誰でもあるだろうが、では、この「不快指数」とはいったいどういう根拠で算出しているかご存じだろうか？

不快指数は1959年にアメリカで誕生したもので、簡単にいえば気温と湿度を組み合わせて算出した「蒸し暑さ」を表す指数のことである。

当初は冷暖房の電力の目安にするために考案され、やがて天気予報でも用いられるよう

になった。日本では１９６１年から気象庁で採用されている。

算出方法はいくつかあるが、よく使われる計算式は「０・８１Ｔ＋０・０１Ｕ（０・９９Ｔ－１４・３）＋４６・３」（Ｔは気温、Ｕは湿度）。といってもわかりにくいので具体的な数字を当てはめてみよう。

気温25℃で湿度が30パーセントの時、不快指数は70になる。不快指数は一般に77を超えるとふたりにひとりの人が、85以上だと全員が不快に感じるといわれているため、70はとりあえず「快適」といえる数字だ。

逆に同じ気温25℃でも湿度が90パーセントなら不快指数は76で「やや暑い」。大多数の人が蒸し暑さに不快感を覚えるようになる。

ただ、不快指数に風はまったく考慮されない。同じ多湿でも、風が吹けば不快感は多少やわらぐので、その感じ方はいる場所などによっても個人差が生じるのだ。

ちなみに現在は消費電力の目安には別の方法が用いられており、今となってはその日の蒸し暑さを再確認するだけのものとなっているので、あまり気にする必要はない。もちろん、気にしたところで蒸し暑さがやわらぐわけでもない。

最近登場した「オンデマンドバス」ってどんなバス？

地方では過疎化やマイカーの普及で、路線バスが次々と赤字に追い込まれたり廃止されたりしている。そうなると、車を使わない人にとっては交通手段がなくなってしまうことになる。

そこで地方の救世主として登場したのが「オンデマンドバス」だ。

オンデマンドバスとは、乗客の希望に合わせて走るバスのこと。乗車や降車する時刻、バス停などを乗客が指定できるのが特長だ。

２０００年に高知県中村市（現四万十市）で開始されたのを皮切りに、各地で導入されてきたが、必要に応じて走行するので効率的に燃料を使うことができるうえ、環境に優しい。渋滞が減るというメリットもある。

しかもタクシーと違うのは、バスだから運賃が抑え目であることと、多くの人を乗せることが可能なことだ。

オンデマンドバスに乗るためには、まず予約が必要だ。それには、乗客が電話やパソコンを使うのだが、西日本ＪＲバスでは、ＱＲコードを読み込んで携帯電話から予約することも可能だ。

しかし、難点もある。乗り合わせが基本となるので到着時間があまり正確ではない。通勤や通学などには向かないのだ。

この到着時間については、解決策も見つかっている。後から予約が増えてもいいように、発車地点から到着地点までかかる時間を、予想よりも長めにとることにしたのだ。こうすることで、到着時間が大幅に遅れることがなくなってきている。

また、ITを使ったシステムに頼るため、大型の端末機を用意するなどの初期費用や、これらの維持費がかかってしまうという難点もある。

だが、端末機として携帯電話を導入することも検討しており、将来は今よりも端末機にかかるコストが少なくなりそうだ。

路線バスだけでなくタクシーとどう差別化していくのか、あるいは役割分担をしていくのか。オンデマンドバスのこれからの動向が大いに気になるところだ。

家電量販店でよく見る「オープン価格」っていったい何？

「2割、3割引きは当たり前！」

以前は量販店の店頭でよく聞かれたこんなフレーズも、ここ数年はとんと耳にしなくなっている。

これは公正取引委員会が、実体のない「定価（希望小売価格）」に対しての割引率を前面に出した売り方が消費者に対して誤解を与えるとして問題にしたからである。

たしかに、今の電気製品のカタログなどを

見ると価格欄には「オープン価格」と書いてあり、その下の隅の方に「オープン価格商品の価格は小売店にお問い合わせください」などと書かれているだけのものが多い。

これを見るとオープン価格商品の値段は小売店が独自に決めているということになるが、いったいオープン価格とは、そもそもどんな値段なのだろうか?

オープン価格の導入前は、メーカーが定める希望小売価格に対して「○割引」という表示を大きく出し、実売価格はその下に示されていることが多かった。

この場合、モデルチェンジの後など実売価格が大きく下がるような時期には、旧製品が希望小売価格に対して大きく割引かれることが多く、商品知識のない消費者はその値引率につい釣られて旧製品を買ってしまうケースがあった。

実際の売り場では希望小売価格で売られることなどほとんどなかったのだが、希望小売価格を高く設定することで見かけの〝割引率〟を上げておいて、お得感を容易に演出したことが問題となったのだ。

つまり、あらかじめ高めに設定した希望小売価格に対して、「希望小売価格の60%ＯＦＦ」などという価格表示は二重価格となり、消費者保護の視点からいっても問題があったのだ。

片やオープン価格の場合、価格は各小売店が仕入れ値に経費と利益を上乗せして独自に決定する。この時、その小売店が仕入れた仕入れ値を下回る値段で売ると当然のことながら損をしてしまうので、極端な安値はつけられない。

また、他の店に比べて極端に高値をつけると今度はかえって売れなくなってしまうという痛しかゆし的なところがある。

結局のところ、オープン価格商品といってもお店によって価格に大きな差が生じるわけではないのである。

養育費のトラブルを気軽に相談できる機関とは？

日本の離婚件数は年々増加し、２００５年に結婚したカップルは約71万組に対して、離婚件数は約26万件と30年前の倍以上に増えている。

これは新たに3組の夫婦が誕生する一方で、1組以上の夫婦が破局を迎えている計算になる。

ところで、離婚にかかわる金銭のやり取りは大きく分けて3種類ある。

離婚の原因をつくった側が明らかな場合に相手側に支払う「慰謝料」、夫婦が共同で築いた不動産などの財産を分け合う「財産分与」、子供がいる場合に成人までにかかる費用を分担する「養育費」の3つである。

このうちの特に養育費については、「離婚時に約束した養育費を払ってもらえない」というトラブルが近年増加している。これは再婚をしないで「女手ひとつ」で子供を育てている母親にとっては重大な問題としてクローズアップされてきた。

もちろん、離婚時に公正証書を作成したり、民事訴訟を起こすことで養育費を取り立てることもできるが、元の配偶者に対してそこまでしたくないという気持ちや世間体などを考えて躊躇するケースがほとんどだった。

このような状況のなか、当事者の相談を受け付け、解決方法をアドバイスする「養育費相談支援センター」が開設された。

２００７年10月１日に開設されたばかりの同センターは、厚生労働省が、元家庭裁判所調査官らが中心となっている「社団法人家庭問題情報センター」に委託して開設したものである。

ここでは離婚後の養育費の受け取りに不安や問題を抱える母親や父親を対象とした「相談事業」、各自治体で相談事業に対応できる人材づくりのための「研修事業」、養育費不払い問題の予防や解決のための「情報提供事業」を行っている。

裁判所のように強制力を持った機関ではないが、その分気軽に利用できるのが特徴だ。

離婚の時には養育費の支払いを約束した相手も、状況が変わってしまうと養育費が支払えない、あるいは支払いたくないといった状況になってしまうことは十分考えられる。

子供がいても離婚せざるを得ない状況になってしまった人、なりそうな人はこのセンターの存在を心にとめておくといいだろう。

「県人会」に入ると どんなメリットがある？

進学や就職をきっかけに故郷を離れ、都会でひとり暮らしを始めた時たまたま同じ出身地の人と出会い、なぜかホッとした気持ちになった経験はないだろうか。

しかし、人口が多い都会で、同郷の人たちと出会うことはなかなか難しいと思う人もい

るだろう。

じつは同じ出身地の人を探すことは簡単なのである。インターネットなどで県人会の催しなどを検索すればいいのだ。

県人会とは、1970年代後半頃に集団就職で都会にやってきた人たちのサポートを目的に発足したもので、各都道府県出身者で構成される民間の団体である。

会の運営は、その会によって違いがあるが、主にメンバー会費や各県からの補助金で運営されていて、今ではその数も多くなり、同じ県であっても地域によって異なる県人会もある。

また大学の県人会サークルなども含むと、その数は把握できないほど増えている。

入会に際しては、特に規定があるわけでない。

同じ県で生まれ育った人、大学に通った経験のある人、会社に通っている人など、県の出身者でなくても、その県と何らかの関係やゆかりがあれば誰でも参加できることになっている。

最近ではユニークな活動も催している県人会もあり、たとえば山形県人会では芋煮会、愛知の沖縄県人会は愛・地球博イベントで3000人規模のエイサーを踊ったりしている。

なかには人気芸能人が参加するイベントも行われることもあるので、興味のある方は一度参加してみるのもいいかもしれない。

16歳、18歳、20歳、法律的には何ができて何ができない？

長い人生のなかで、10代後半の、いわゆるハイティーンの年代ほど成長と変化に富む時代はないだろう。

身体的・精神的に成長していく一方で、社会の仕組みや制度にはいろいろな責任を負わなくてはならないことが増えていく年代でもある。

ここでは特に大きな変化のある16歳、18歳、20歳について例を挙げてみよう。

16歳は高校でいうと2年生から3年生に当たり、社会的に最低限の責任を果たすことができると認められるようになる時期だ。

普通自動車の運転は無理でも原動機付自転車や小・中型のバイクの運転免許は取得できるのがこの歳だ。

その他に小型船舶（モーターボートや水上バイク）の操縦、グライダーの操縦免許も取得できるようになる。また、献血（200c

c）ができるようになるのもこの歳だ。

女性については親の承諾があれば結婚できるようになるが、男性は18歳になるのを待たなければならない。

男女で婚姻可能な年齢に差があるのは戦前の旧民法の規定を踏襲したもので、時代錯誤で差別的だという意見もある。

このため男女ともに18歳を婚姻可能年齢とする提案も出されているが、いまだ結論は出ていない。

18歳になると晴れて男性も親の承諾を得て結婚できるようになる。

クレジットカードの所有やパチンコなど、大人の世界を垣間見ることができるようになるのもこの年齢だ。普通自動車や大型バイクの運転免許も取得できるようになる。

20歳になると成人し、一人前の社会人としての権利と責任が発生する。罪を犯せばマスコミに実名と写真付きで報道され、不動産の購入契約なども自分で自由に結ぶことができる。

選挙権が与えられ、酒とタバコが許されるのもこの歳だ。

そうはいっても「大人」の世界ではまだまだ新入りにあたる。

名実ともに一人前の大人になるには本人の自覚はもちろん、周囲の先輩たちがしっかりと見守ることも必要だろう。

治療費の負担がかなり軽くなる「高額療養費負担制度」とは？

毎日を健康で過ごせればそれに越したことはないが、思わぬ病気やケガによって医者のお世話になる可能性は誰にでもある。

軽い病気やケガなら医療費の負担も少なくて済むが、もしも思わぬ大ケガで治療が長引いたり、手術が必要となるケースでは医療費の負担が心配になってくる。

そんな時の強い味方が健康保険の高額療養費負担制度だ。

これは支払った医療費（入院時の食費や差額ベッド料金などを除いた自己負担額）が高額になった場合に、その一部を給付してくれる制度だ。

たとえば、平均月収53万円未満の世帯のケースでは、1カ月あたりに「8万100円＋(総医療費－26万7000円)×0・01」を患者負担限度額としている。

それを超えた金額は健康保険組合や市町村の国民健康保険窓口で発行された「限度額適用認定証」を提示することで支払わずに済む制度だ。

たとえば胃がんで胃の摘出手術を受けて20日間入院し、総医療費が100万円、自己負担額が30万円だった場合、患者負担限度額は8万7430円となる。

差額の21万2570円は健康保険からの給付金が充当されるといった具合だ。

このように非常にありがたい制度だが、注意しなくてはならないのは各月ごとの計算となるため、治療が月をまたぐとそれぞれの月での計算になってしまうことだ。

先の例では同じ月のうちに入院～退院をすればよいが、月をまたいで15万円の自己負担金が2回発生することになると、それぞれの月で8万2430円を2回支払うことになってしまうのである。

常識その五

しきたり

なぜ大晦日に「年越し蕎麦」を食べるようになった?

「お正月」に門松を立てるのはなぜ？

「お正月はあなたの家にも神が降臨している！」などといわれたら、21世紀のニッポンではオカルトかといぶかられそうだが、日本のお正月とはそもそもそういうものなのである。

じつは、農耕民族である日本のお正月は、もともと「年神様」のお祭りだった。

年神様というのは、新しい年の実りをもたらす「農耕の神」のことで、年に一度、年の始めに降臨して、幸せを授けてくれる我々の祖先なのだ。

そのため、年神様が滞在している期間、つまりお正月が明けるまでは各家庭は祭場になる。

それを知ると、お正月のさまざまな飾り付けにも納得がいくのではないだろうか。

たとえば玄関に立てる門松は、「依代《よりしろ》」といって年神様が降りてくる時の目印になり、しめ縄は神社と同じように神様を迎えるにふさわしい場所であることの証なのだ。

つまり、各家庭を神社のように演出するのが、正月飾りというわけだ。年末のすす払いや大掃除も、やはりお正月に神様を迎えるためのものなのだ。

そう考えると、今年の大掃除はいつもより気合が入るだろう。

無宗教といわれ、外国の宗教行事をイベント的に楽しんでいる我々日本人も、お正月本来の意味を認識して実行すれば、自国文化への誇りを見出せるかもしれない。

神社での正しい参拝の仕方とは？

「チャリーン、ガランガラン、パンパン」――。

神社へのお参りに効果音をつけるとしたら、こんな感じだろうか。だが、正しい参拝のしかたでお参りすると、聞こえてくる音ももう少し丁寧なものになる。

神社といえば、年に一度、お正月だけお参りするという人は多いと思うが、結婚して子供が生まれると神社を訪れる機会は意外と多い。生まれて1カ月後のお宮参りや七五三などがそれだ。

そんな時、正しい参拝のしかたを知っていれば、大人としてかなり上級といえるだろう。

参拝のしかたの基本は「二拝　二拍手　一

拝」だ。

神殿の前に立ったら、まず軽く鈴を鳴らし、深く2回お辞儀をする。次に2回拍手をし、手を合わせて祈る。そして最後にもう一度、深く丁寧にお辞儀をする、というのが正しい参拝方法だ。

さらに、神殿に向かってまっすぐ伸びている参道の中心は、神様の通り道だから避けて通る。手水を取る時は、柄杓の水で左右の手を清めたあと、左手に溜めた水で軽く口をすすぐといった作法もあわせて知っておけば、一目置かれること間違いないだろう。

なぜ節分に豆をまいて鬼を追い払うようになった?

節分といえば、「鬼は外、福は内」と言いながら豆まきをする行事。それくらいのことは小学生でも知っている。

だが、なぜ節分には鬼を外へ追い出すのか、そしてなぜそれが2月3日なのかを知っているだろうか。

〝鬼〟と聞いて多くの人が想像するのは「頭に角、口に牙、そして裸身に虎の皮のふんどし」というのが定番の姿だろう。

これは陰陽道に影響されてこうしたスタイルになったもので、もともとは疫病や災害などの祟りをもたらす怪物やもののけのことを鬼といっていた。

こうした鬼（邪気）を払うために行われるのが節分の豆まきで、もとは平安時代、宮中で行われていた「追難《ついな》」という儀式だったという。

それが民間に伝承されて、今のような行事

になったのだ。では、なぜ2月3日に行われるようになったのだろう?

それはカレンダーを見ると一目瞭然。

2月4日は立春、つまりこの日は旧暦の元日で、前日の2月3日は大晦日にあたる。

お正月を迎える前に前年の邪気をすべて払い落とし、さっぱりとして新しい年を迎えるのが目的なのだ。また厄払いの意味も込められている。

そのため、豆をまくのは一般的に一家の主や跡取り息子だったが、地域によっては厄年の人がその役目を担うところもある。

現在は、家族みんなで楽しむイベント的要素が強いが、いずれにしても「鬼は外!」と外に豆をまいたら窓や扉はすぐに閉めること。「邪気を祓《はら》ってやった!」という気分になれるはずだ。

雛人形をいつまでも飾っておくと嫁に行き遅れる?

やはり、いつの時代も女性にとって結婚は重大な関心事なのか、「3月3日を過ぎて雛人形を出しっぱなしにしておくと嫁に行き遅れる」という言い伝えは、若い女性の間にも意外に浸透している。

こうした〝行き遅れ説〟の出所や真偽のほどは定かではないが、この言い伝えのいわれはじつは娘のしつけに関係しているという説がある。

つまり、時期が過ぎているのに、いつまでも雛人形を出しっぱなしにしておくのは、子供に後片付けの習慣を身につけさせるうえでもよくない。

だらしない子供に育たないように、という戒めの意味も含まれているのだ。

モノを大切に扱う子供に育つか、きちんと後片付けのできる子供に育つかどうかなど、正しい生活習慣を身につけさせるのには本人の資質もあるが、やはり親の背中にかかっている部分は大きい。

特に、祖父母が孫の成長を願って贈る雛人形は、人間関係やモノの大切さを教えるのに絶好の教材でもある。

普段は仕事や塾通いなどで、互いにあわただしい生活を送っている親子も少なくないご時世だ。

だからこそ、なおさらこうした行事を大切にして子供と一緒に過ごし、人として大切なことについて語る時間を作ってみるのもいいのではないだろうか。

どうして日本には「お花見」の習慣があるの？

日本の春の風物詩といえばお花見だ。桜の名所といわれる場所は、どこも青空宴会場に変わってしまうほど、みんなこぞって桜の木の下に集う。

このお花見、花は限定されていないのに、誰もが「お花見」＝「桜」という認識を持っているのはなぜだろうか？

このルーツをさかのぼると、『古今和歌集』にたどり着く。『万葉集』では、春の花では桜より梅のほうが多く詠まれているのだが、平安時代になると貴族たちは桜を好むようになり、この頃から「花見といえば桜」を指すようになったという。

それまで桜の花があまり観賞されなかったのは、桜がその年の農作物の出来を占う役目を担っていたからだ。

　桜の花の量が収穫高を左右すると考えられていたのである。万葉の人々は毎年、桜の花の量に一喜一憂し、ゆっくりと花見をしている場合ではなかったにちがいない。

　花見の宴がはじめて催されたのは平安時代、嵯峨天皇の宮中で行われたものが最初といわれている。平安貴族の優雅な遊びだったのが、江戸時代になると庶民の間にも浸透し、春の国民的イベントへと拡大していったのだ。

　ちなみに花見酒は、桜にお供えしたお酒のお下がりをいただいたのがその始まり。桜は山の神が降りてくる時の目印として神聖視されていたのだ。

　ドンチャン騒ぎもいいが、こうしたルーツを知っておくと、日本人としての品格をちょっと上げることができるかもしれない。

本来七夕を祝うのは7月7日の夜じゃないって本当？

松尾芭蕉の句に、「文月や　六日も常の夜に似ず」がある。

　この句からもわかるように、昔から七夕近くになると人々は特別な気持ちになって短冊に願い事を書いたり、笹の葉に紙細工を吊るすなどしていろいろと準備をしていたことがうかがえる。

　今では地下鉄の駅の構内などに笹竹が備えられ、自由に短冊を吊るしてもいいようなサービスをする場所もでてきた。

　もともと七夕とは、織姫星と牽牛星《ひこぼし》が1年

に1回だけ七夕の日に天の川で会うことを許されるという中国の悲恋伝説がルーツになったものだが、現代的にいうと織姫星は琴座のベガにあたり、牽牛星は鷲座のアルタイルになる。

このような伝説を基に日本で七夕を祝う風習が始まったのは奈良時代からであり、当時は宮中行事として行われていたものだが、それが民間に広まり、七夕の日に行われる風習になったのである。

本家の中国では、女性が手芸に巧くなることを祈る乞巧奠《きこうでん》という祭事と結びつきが強い行事となっている。

なぜかというと織姫とは織物を作ることに長けた女性の神格化した姿だからだ。日本では織姫のことを棚機津《たなばたつ》姫《ひめ》と呼んでいたことから、これが略称化されて「たなばた」となり、「七夕」という字をあてたのだ。

また本来、七夕を祝うのは六日の夜が正式であり、七日の夜は「七夕流し」といって飾った竹を川や海に流して身のけがれを持ち去ってもらう風習が行われていた。

今まで七月七日に願掛けして叶わなかった人は、来年からは七月六日の夜に願い事をしてみてはいかがだろうか。

春と秋の「お彼岸」にお墓参りをするのはなぜ?

お盆に次ぐ年間の仏教行事といえば、春と秋のお彼岸だ。

ちょうど、どちらも「春分の日」と「秋分の日」の祝日にあたるので、子供の頃に家族そろって先祖供養のために墓参りに出かけたという記憶のある人も多いだろう。

お彼岸というのは、厳密にいえば1週間続く。「春分の日」と「秋分の日」を「彼岸の中日」といい、この日をはさんで前後3日間ずつの計7日間がお彼岸（彼岸会）といわれているのだ。

では、なぜお彼岸に墓参りをするのかというと、そこには日本古来の自然信仰が深く結びついている。

そもそも「彼岸」は、向こう岸のこと。仏教の世界でいうところの「あの世」のことを意味していて、「あの世」＝「極楽浄土」は、日の沈む西の彼方にあるとされている。

そして、彼岸の中日である「春分の日」と「秋分の日」は年に2回、太陽が真東から昇って真西に沈む日になる。

西方に沈みゆく夕日を礼拝し、はるかかなたにある極楽浄土のご先祖を偲ぶのにふさわしい日というわけだ。

仏教の教えでは、この世は煩悩が渦巻く四苦八苦の世界で、あの世はそうした苦悩とは無縁の世界だ。

お彼岸は、日々の悩みや苦しみに埋没してしまわないように極楽浄土に思いを馳せ、先祖から脈々と続く命の尊さを再認識するための半年に一度のいい機会なのである。

冬至の日にはなぜ、かぼちゃを食べてゆず湯に入る？

冬至といえば、1年でもっとも夜の訪れが早い日。ネオンきらめく都会でサラリーマン生活を送っていると、あまり意識することもないが、だいたい毎年12月22日前後にやってくる。

日本ではクリスマスの熱気にかすんでしまっている冬至だが、長い冬の間、わずかな日照時間での生活を余儀なくされる北欧などでは祭りが催されて歓迎される。

この祭りは冬至を境に増す陽射し（光）を祝うもので、これがクリスマスの起源ともいわれている。

日本では昔から冬至に欠かせないものとして、かぼちゃとゆず湯がある。これは栄養価の高いかぼちゃを食べ、血行促進効果の高いゆず湯に入って体を温めることで、寒い冬を乗り切ろうという意味が込められている。

いわれてみれば、12月22日前後といえば、冬の寒さとしてはまだ序の口だ。

気象庁のデータによると、２００6年の東京の平均気温は12月は９・５度だが、１月は５・１度。冬至を境に日照時間は長くなるが、気温そのものは1月にかけてどんどん下がっていく。本格的な冬の到来は冬至の後に待ち受けているのだ。

しかし疑問なのは、夏野菜であるはずのかぼちゃを12月に食べて、果たして栄養が採れるのかということだ。

かぼちゃはあの濃い色を見てもわかるように、ビタミン系の栄養価が高いとされる緑黄色野菜の仲間。しかも、ほうれん草などの葉ものの野菜と違って保存が利くという利点がある。しかも、栄養素の損失も他の野菜に比べて少ないのが特長だ。

昔は、今のようにスーパーマーケットに行けば旬を問わずに野菜が手に入るわけではなかったので、夏の陽射しをいっぱいに浴びたかぼちゃを保存しておいて、冬至に食べて冬の栄養源としたというわけだ。

なぜ大晦日に「年越し蕎麦」を食べるようになった？

年末にテレビを見ていると、必ずと言っていいほど客で混み合ったそば屋が映し出される。日本人にとって1年で最後の縁起担ぎである、「年越しそば」を食べる映像だ。

もし、外国の人に「なぜ、年越しそばを食べるのか」と聞かれたら、何と答えるだろうか。「長いそばと長生きがかけられていて、長寿への願いが込められている」と答えた人は江戸っ子ではないはずだ。

じつは江戸時代の町民にとって、年越しそばには「金持ちへの願い」が込められているのである。

江戸では当時、年末の大掃除の道具としてそばを練ったダンゴが使われていた。

そばダンゴの粘着質を利用して部屋の隅々の埃を取るという、現在でいえばテープ式のカーペットクリーナーのような使い方をされていたのだ。

そばダンゴクリーナーを常用していたのは、じつは金銀細工を扱う職人たちで、作業場に飛び散った金粉や銀粉をダンゴを使って集めていた。

掃除が終わると七輪などでダンゴを焼いて灰にすれば、あとには金銀の粉が残るという仕掛けだ。

このことから「そばは金を集める」といわれるようになり、それが転じて「来年は金が集まりますように」という願いを込めて年越しそばを食べるようになった。

となると、この場合、食べるのはそばのダンゴでもいいということになるが、どうせ食べるなら、コシがあっておいしいそばで1年を締めくくりたいものである。

「友引に葬儀をしてはならない」はじつは迷信?

経験してみるとわかるが、亡くなった人を無事にあの世に送り出すのは思った以上に大変だ。

死亡したその日のうちに遺体を納棺し、翌日にはお通夜、そしてその翌日には葬儀、告別式が行われる。遺族、特に喪主にとっては悲しんでいる暇もないあわただしさである。

だが、例外的に葬儀が1日ずらされる場合がある。それは、亡くなった翌々日が「友引」にあたる時だ。

「友引」に葬儀を行うと、友が冥土に連れて行かれると忌み嫌われるからである。

だが、「友引」は本来「共引」と書き、「相打ち共引とて、勝負なしと知るべし（勝負事は何をしても勝ち負けがつかない）」という、「引き分け」の意味がある。

けっして「友を引く（連れて行く）」という意味ではないのだが、「共」の読みが「友」と同じことから、迷信が広がったとされているのだ。

だが、迷信や俗信が数多く残っている葬祭の世界。「友引」に葬儀を避けるという風習もまだまだ根強く、その日は休業している火葬場もあるくらいだ。

しかし、もともと「大安」や「仏滅」、「友引」といった「六曜」は仏教とは何のかかわりもないことから、友引休業は廃止の方向へと向かっている。

とはいえ、信じている人にとっては「友引」の葬儀は気持ちがよくないものだ。特に、近親者にお年寄りが多い家などは、やはり「友引」を避けるという配慮をしたい。

香典返しに入っているお清めの塩は使わなくてもいい？

お通夜や葬儀に参列すると、帰り際に「香典返し」を手渡されるが、そのなかに塩の入った小さな袋が入っている。いわゆる「お清めの塩」だ。

これは、「死」を「不浄のもの」と考え、体に塩をふりかけることでけがれを払い、身を清めるために使うものだ。

こうした「身を清める」という考え方は、じつは神道のものといわれていて、どうやら仏教とは直接関係がないらしい。

そのためか、仏教のなかでも浄土真宗では死を不浄のものとする考え方を迷信であるとして、お清めの塩は必要ないといわれている。

たしかに、人が亡くなることは避けて通れないし、ましてあの世へ旅立つ魂を見送ったあと、自分の身を浄化するというのは気分的に矛盾する話ではある。

ただ、今のように医療技術が発達していなかった昔は、幼くして命を落としたり、伝染病で死に至ることも少なくなかった。

そんな時に、不幸が続くことを嫌い、塩で身を清めることで仕切り直しをした習慣が現在にも残っているのである。

いずれにせよ、こうした習慣を続けるのも

止めるのもその人の気持ちひとつ。省いてしまうと何となく気持ちがスッキリしないというのであれば、もちろん塩を使えばいい。

お清めするのはだいたい玄関先で、誰か家にいる人に胸と両肩、足元に塩をふってもらう。ひとり暮らしなら自分でふっても問題ない。

法事っていったい何回忌まであるの？

日本人はよくワラをもつかみたい心境に陥った時、「神さま、仏さま…」と唱えたりする。

一神教のキリスト教やイスラム教の敬虔な信者にしてみれば、神道の神と仏教の仏を並び称するなんてとんでもないことにちがいない。

だが、日本でそれをとがめる人は誰もいない。それは、日本の仏教が神道と密接に関係しているからだ。

現在、日本の葬儀の9割以上が仏式で行われている。この場合の仏式というのは、お寺の僧侶によって行われる葬儀だ。

仏式では、人が亡くなると葬儀をとり行い、四十九日、一周忌、三回忌…と法事をして仏になった死者の霊を慰める。

そして、やがて最終年忌になって最後の法事が終わると、じつは死者は「仏」から「神」になり、祖先神という大きな塊と合体するといわれているのだ。

つまり、何年かごとに行われる法事は、新しく仏になった霊を祖先神へと昇格させていくためのステップなのである。

こうした、「祖先神への昇格」という考え方は日本の仏教独自のもので、仏教発祥の地であるインドや、日本に仏教を伝播した中国にそれはない。

神道では、もともと死者の霊格を向上させるための祭が行われており、それと結びついたのが日本仏教の法事なのだ。

法事の最終年忌、つまり仏さまが神さまになる弔い上げの年忌は三十三回忌が一般的だ。

回忌は、亡くなってすぐの葬儀を一回忌、翌年を一周忌、翌々年を三回忌と数える。たとえば、三十三回忌は亡くなった年から数えて32年目に当たるわけだ。

宗派によっては五十回忌、百回忌まで行われるところもある。祖先神の仲間入りをするのは故人にとっても子孫にとっても長き道のりなのである。

なぜ、お通夜に包むお金を「香典」と言うようになった？

お通夜に出席する時に包むお金を、「香典《こうでん》」というが、なぜこのような表書きなのだろうか。

香典は、もともと「香奠」と書き、仏様に捧げる花、水、線香、飲食などのことをさした。そのため、明治時代までは全国的に「食物香奠」が一般的で、金銭ではなく米や野菜を持ち寄っていたのだ。

だが、時代の流れとともに、都市部から「金銭香奠」に変わり、それが広まっていった。いずれにしても、何かと入り用の多い喪家を相互扶助しようというのが「香典」というわけだ。

包む金額にはある程度の相場があり、職場関係や友人とその家族なら５０００円、親戚の場合は１～３万円、兄弟姉妹は５万円、親は５～10万円といったところだ。

自分や配偶者に近い関係であるほど、その金額は高くなっているが、相互扶助のシステムだと思えば妥当といったところだろうか。

また、地域によって相場は異なり、関東から近畿にかけては、他の地域より多めに包むことが多いようだ。

そもそも日本のムラ社会ならではのシステムなので、できるだけみんなと同じがいいとされる。

しかし、親しかった友人が亡くなったような場合は、相手の負担にならなければ少し多めに包んでも気持ちとして受け取ってもらえるはずだ。

お祝いのお金にまつわるタブーの数字とは？

20代や30代でお祝い金を贈るシーンとなると、やはり一番身近なのは結婚祝いだろう。結婚といえば人生最大の節目といわれるだけに、とにかくしきたりやタブーが多い。

日本一豪華な結婚式で有名な名古屋では、トラックで婚礼タンスを運ぶ時にバックさせると、「戻る」に掛けて縁起が悪いとされている。そのため、細い道で対向車が来た時などは相手にバックしてもらってでも、とにかく前進を死守する。

それくらいすべてにおいてデリケートにコトが運ばれるのである。

そんなお祝いムードをぶち壊しにしないためにも、結婚式の出席者はお祝い金のタブーを知っておきたい。

基本的に奇数は「喜数」といわれ、吉とされている。反対に、割り切れる偶数は別れを連想させるので、特に結婚式などでは縁起が悪いとされている。

このふたつに当てはまる数字の「4」は「死」を連想させることから絶対に避けるべき数字で、奇数のなかでも「苦」に通じる「9」はどんな場合でもお祝いにふさわしくない。

逆に、偶数でも「2」は一対の意味にあたるので、結婚式でも失礼にはならない。

友人への結婚式のお祝い金の相場は、2万円とされているのも、金額的にも意味合い的にもちょうどいいのがその理由かもしれない。

ちなみに、夫婦などで列席する場合は、ふ

たり分包むのがマナーだが、その場合は「4」を避けて5万円にするのがベストだ。

表札はどうして必ず門の右側にかけられているの？

ひと昔前まで表札といえば、カマボコ板くらいの木や石に筆書体で名前を掲げるのがふつうだった。

しかし近頃の住宅は、しゃれたステンレスのボードに英字で家族全員の名を入れたり、透き通るガラスに漢字と英字を併記したりするなど、じつにバラエティに富んでいる。

しかし、表札を出す位置だけは門柱の右側と昔から決まっており、今も変わりはない。

なぜなら、これにはれっきとした意味があるからだ。

日本には古くから中国の陰陽五行説が根付いている。それによれば、万物はすべて相反する2種の「気」から成り立っており、それらは「陽」と「陰」に分けられる。上と下、左と右、日と月、紅と白、喜と怒…。すべて前者が「陽」で後者が「陰」である。

つまり、門柱を家側から見ると、表札がかけられているのは左側で、左は「陽」、つまり「上座」に当たるのである。

最近では集合住宅も増えているし、門柱などない住宅も多いが、仮にアパートやマンションでも表札がかけられるのはドアの右側、すなわち家から見れば左側だ。

陰陽五行は風水の元にもなったもので、特に住居や都市計画などにおいて長いあいだ重要な役割を担ってきたのである。

今後、どんなに日本の住宅事情が変化しよ

うとも、こうした古《いにしえ》の思想は案外根強く守られていくものなのかもしれない。

支払いの時「お愛想」と言うようになった意外な訳とは？

会社帰りの一杯は、サラリーマンには欠かせないお楽しみのひとつだ。

行きつけの店などでひとしきり飲み「さあ帰るか」となる頃には、店の人にきっとこんなふうに声をかけているにちがいない。

「すみません！　おあいそ！」。

飲み慣れた人なら誰でも一度は口にしたことがあるこの「お愛想」という言葉、じつは本当の意味はちょっと意外なものである。

よく「愛想がよい」「愛想が悪い」などと使われるように、愛想とは「人と接する時の態度」のことで、「相手を喜ばせる態度」という意味を表す「愛嬌」とともに、仏教用語がルーツである。

では、なぜこれが「勘定」を意味する言葉になったのか。

有力なのは、もともとは客に代金を請求する時に「（こんな店で）愛想がなくて申し訳ありません」、あるいは「（お楽しみのところ代金の話などして）愛想がなくて申し訳ありません」といった意味で、店側が使用したのが始まりだという説だ。

また、同じくらい有力なのは、寿司屋で食事の時は機嫌よく食べているが、勘定を見せられると「高いな」と客が愛想を尽かす。これを見て店側が勘定書を「愛想尽かし」と呼び、いつの頃からか「お愛想」と略されるようになったという説である。

さらに、昔は僧侶も遊里に通っており、遊女たちの間で仏教用語が面白がられて使われていた。そこで帰る客に対し「もうお愛想（尽かし）？」という意味で、「支払い」＝「お愛想」となったという説もある。

どれが真相かは定かではないが、いずれにせよ「お愛想」は店側が使う言葉であって、客側が使う言葉ではないことは確かである。

常連客を気取って「おやじ、おあいそ」などと声をかけるのは、店に対して「愛想が尽きたから帰る」という意味にもなりかねないので、やめておいたほうがよさそうだ。

なぜ結婚した女性は振袖を着てはいけないの？

ここ最近、若い女性の間では「夏のおしゃれ着として着る浴衣」が流行だ。普段のギャル風ファッションには興味がなくても、日本古来の衣裳を身にまとった姿に思わず目を留める男性陣も多いことだろう。

どうせなら浴衣だけでなく着物姿の女性がもっと増えればいうことなしなのだが、もともとが湯浴《ゆあ》み着（入浴の際に着るもの）である浴衣と違い、着物は日本女性のいわば正装。そこには伝統ゆえのしきたりもつきまとう。

ひとくちに着物といっても、留袖、振袖、訪問着、小紋に紬《つむぎ》など種類はさまざまだ。一見同じに見えても、これらはすべて形も格も異なり、また着る人も限定されるのである。

有名なのが「振袖を着られるのは独身女性だけ。既婚女性は若くても着てはいけない」という決まり事だ。念のため説明すると、振袖とはたもとが長く、豪華な柄や模様が入った着物である。このしきたりにはれっきとした理由がある。

かつて振袖は女性だけでなく男性も着用していた着物だが、それが徐々に女性の着物として定着したのが江戸時代だった。

この頃の女性は、男性からの求愛に言葉で応えるのははしたないとされ、着物の袖を振って返事をしていたという。左右に振れば「イエス」で、前後に振れば「ノー」だ。

つまり、着物の袖は愛情表現に使われていたのである。

しかし、既婚女性は夫がいるのだから、この行為をすることもなくなる。だから、既婚女性の着物は袖が短くなるというわけだ。

その名残りから振袖は独身女性の第一礼装になっている。

では、独身だからといって70歳や80歳の高齢女性が振袖を着るのは、いかがなものか？

これには賛否両論あるだろうが、着物に精通する人ほど「独身であればいくつになっても振袖を愉しんでよい」という意見が多いという。

同僚の結婚式などで運命の出逢いを望むなら、まずは「振袖姿」の女性を優先して探すといい。ただし、独身というだけで年齢までは見分けられないが…。

「御仏前」と「御霊前」、どっちをいつ持っていけばいい？

お祝いや弔事の席には、ご祝儀や香典などお金を包むことが多い。

その際に、それぞれの用途にあった祝儀袋や不祝儀袋を用意するわけだが、祝儀袋の表書きは「寿」「御祝儀」「御祝」など、どんなものを選んでも差し支えない。

問題は、不祝儀袋の方だ。こちらは使う場面によって、表書きが変わってくるからだ。

一周忌に持参するなら「御仏前」または「御供物料」「御香料」でなければならない。「御霊前」を使うのは、通夜か告別式だけである。四十九日を過ぎてから渡す香典や一周忌以降の法要でも使うのは「御仏前」になる。

また、不祝儀袋は包み方にも気をつけたい。上包み（表の袋）は裏側から見て左側が上になるように、上下の折り返しは上側の折り返しが上にくるようにたたむ。これを逆にしてしまうと、お祝いを意味してしまうことになるので注意が必要だ。

そして、この表書きは宗教によっても異なってくる。神式は「御玉串《たまぐし》料」「御榊《さかき》料」「御霊前」になり、通夜・告別式と法要の区別はない。

キリスト教式の通夜・告別式は「お花料」「献花料」を、法要では「お花料」を使う。カトリックの場合は「御ミサ料」という表書きもある。

ちなみに、「御霊前」の不祝儀袋は葬儀の際には宗教を問わずに使ってかまわない。ただし、神式とキリスト教式では蓮の花柄が入ったものは使えないことを覚えておこう。

先方の宗教がわからない場合には、無地の「御霊前」を用意していくと無難である。

通夜、葬儀、告別式…いったいどれに出席すればいい？

だんだん歳を重ねてくると突然の訃報《ふほう》を受

け取ることが多くなる。そんな時にどう行動するかはつき合いの程度によって変わってくるが、直接故人の家族などから連絡があった場合にはとにかく駆けつけたほうがいい。

と、ここまでは亡くなった直後の行動だが、このあと通夜、葬儀、告別式という流れになってくる。これらの3つの〝儀式〟、どういう違いがあって、どれに出席すればいいのだろうか。

通夜はもともと、遺族、近親者、ごく親しかった人たちが集まって、故人と夜通し最後の別れを惜しむものだった。

だから、あまり親しくない人間は遠慮をするのが礼儀である。

しかし、最近では「半通夜」といって、午後6時か7時くらいから始まり、9時ないしは10時までには終わるような形になってきている。

葬儀もやはり遺族を中心に、ごく近しい人間だけで執り行うものだ。

これに対して、告別式は故人とつき合いのあったいろいろな人たちが集まって、最後の別れを告げる儀式である。

現在は、葬儀に続いて告別式が行われることが多いので、その違いがわかりにくいが、一般の会葬者は告別式から出席することになる。

だが、最近ではこの区別があいまいになってきており、通夜に出席できなければ告別式に、同様に告別式に出席できないなら通夜にと、自分の都合のつくほうに出席する風潮がある。どちらか一方に出席すればいいと考えておけばいいだろう。

また、通夜は知らせが来れば出席したほう

がいいが、「身内だけで行いますので」と言われた場合には、遠慮するべきである。

通夜のあとには、「通夜ぶるまい」といってお酒や食べ物が用意されていることがあるが、これは勧められたら断らないのが礼儀。故人への供養のひとつでもあるからだ。

ただし、お酒はほどほどにして長居をしてはいけないのはいうまでもない。

結婚式の日に不幸があった、さてどうすればいい？

明日は友人の結婚披露宴に招待されているのに、急に親戚に不幸があった！　こんな場合、いったいどちらを優先すればいいのだろうか。

結婚披露宴のほうは、数週間も前に出欠ハガキで出席の意思を示しているから、招待する側も料理や引き出物など、それなりの準備をしている。

それに比べると、弔事というのはしかたがないとはいえ、突発的に発生するものである。

普通の約束事であれば先に約束したほうを優先するのが常識的なので、披露宴に出席するのが筋という気もしないではないが、この場合は弔事、つまり通夜や葬式に出席するのが正解だ。

日本では、昔から「喜び事はあとに延ばす」といわれている。

つまり、めでたいことは後々でもできるが、お悔やみごとは先には延ばせない。だから、弔事を優先させるべきというわけだ。

たしかに、披露宴に出席できなかった友人には、日を改めてお祝いを持っていくなど仕切り直す機会はいくらでもあるが、亡くなった人にお別れできるのはお通夜や葬儀、告別式の一度きりである。

後で、「あの時は、友達の結婚式と重なっちゃって、参列できなくてごめん」と手を合わせるわけにはいかないのだ。

仏式、神式、キリスト教式…葬式のしきたりとは？

お祝い事ならいくらでも呼ばれたいものだが、弔事だけはできるだけ少ないほうがいいと思うものだ。

とはいえ、どうしても避けることのできないのが弔事でもある。

日本での葬儀に参列する場合、仏式である確率がかなり高い。

しかし、葬儀を執り行う家が、必ずしも仏教徒とは限らない。参列したものの、「えっ、キリスト教？　どういう作法になっているんだろう」などと、オロオロしてしまうこともあるだろう。

仏式の葬儀にしても、焼香することは知っていても、その正式な作法となると意外と知らなかったりするものである。

そこで、一般的に参列することの多い仏式・神式・キリスト教式の作法の違いを紹介しておこう。

まずは仏式の焼香のしかただが、僧侶と遺族に一礼して、焼香台の少し手前まで進み遺影に一礼か合掌をする。

それから焼香台に近づいて、親指と人さし指、中指で香をつまみ、自分の目の高さまで上げたあと静かに香を香炉に落とす。

これを1～3回繰り返すが、会葬者が多い時には1回で済ますこともある。最後は遺影に向かって合掌し、2～3歩下がって僧侶と遺族に一礼する。

　仏式では線香を使うこともあるが、台の前に進むところまでは焼香と同じ。そして、右手で線香を1本持ち火をつけ、左手であおいで火を消す。

　間違っても口で吹き消してはいけない。線香を香炉に立てたら合掌し、僧侶と遺族に一礼する。

　次に神式の場合は、玉串奉奠《ほうてん》といって玉串（榊）を供えることになる。

　玉串の枝元を右手で持ち、左手は葉の下に添える。これをささげ持つようにして玉串台の前まで進み、遺影に一礼。

　今度は枝元を左手に持ち変え玉串を半回転させて、枝元が祭壇に向くようにする。

　この時、時計回りに回すことがポイントで、両手で玉串を供えたら半歩下がって遺影に向かって二礼、二拍手（音をたてないこと）一礼する。

　キリスト教式では、献花が行われる。花は両手で受け取り、胸のあたりでささげ持ったまま祭壇の前まで進む。

　遺影に一礼したら、茎が祭壇に向くように時計回りに回転させ、左手の手のひらが上を向くように持って献花台に花を供える。

　その後、黙禱し、神父（牧師）や遺族に一礼する。

　宗教によってそれぞれのやり方があるが、なにより大事なのは故人を悼む心である。形だけでなく、心を込めて冥福の祈りを捧げたい。

畳のヘリ、部屋の敷居…はなぜ踏んではいけない？

イングリッシュガーデンや北欧風の家具が流行するなど、日本人の欧米住宅への憧れは依然として根強いものがある。

室内を見ても、掃除のしやすさが受けてフローリングの床が人気だが、やはりそこは日本の家屋。1軒に1部屋は和室がしつらえてあるものだ。やはり日本人の気質にあっているのだろうか。

畳の部屋で何気なく生活していると、つい忘れてしまいがちだが、「畳のヘリは踏んではいけない」というマナーがある。

そのいわれのルーツは奈良時代までさかのぼる。

当時、畳1畳分のわずか2平方メートル足らずのスペースが、最低限度の生活空間とされていた。つまりヘリの向こう側は他人の領域という〝境界線〟の意味があったのだ。

ちなみに、部屋の敷居も踏んではいけないといわれるが、これも畳のヘリと同じ理由でタブーとされる。

また、現在の畳はほぼフラットだが、昔の畳はヘリのところに小さな段差があり、ヘリにつま先を引っ掛けて転びかねない危険があった。そのため、常にヘリを意識して畳の上を歩く必要があったというのが、こうしたマナーが生まれた遠因という説もある。

実行している人は少ないかもしれないが、何気ない振る舞いのなかに取り入れることができれば、礼儀を知った大人として見られること請け合いだ。

常識その六

礼儀作法

引越しの挨拶は
何軒先まで回れば問題ない？

出欠を伝える招待状の返事の正しい書き方とは？

結婚式、パーティー、同窓会、会合…と、何らかの集まりがある時には幹事や主催者から招待状が届く。この時、単に「御出席」「御欠席」の欄を丸で囲んで返信してはいないだろうか。

たしかに、こちらの出欠が伝われば用件は済むわけだが、これでは相手に「礼儀がなっていない」という印象を与えてしまう。招待状の返事の書き方には、それなりのルールがあるのだ。一番機会が多いであろう結婚式の招待状を例にとって説明してみよう。

ハガキの裏には、「御出席」「御欠席」「御芳名」「御住所」などの文字が並んでいる。まず、これらの頭についている「御」を2本線で消し、名前の欄は「御芳」までを消すこと。

これは先方から招待客への敬意を表したものなので、返信についていてはおかしいのだ。自分について語る時に、「私のご住所は…」と言わないのと同じことである。

また、出席するなら「御欠席」も、欠席するなら「御出席」も2本線で消しておこう。

さて、これで基本的な礼儀は押さえたわけだが、このまま返信したのではあまりにそっけない。

出席する場合には、「出席」の文字の前後に「慶んで（出席）させていただきます」や、余白に「おめでとうございます。慶んで出席させていただきます」などの言葉を添えよう。お祝いのメッセージがあると、先方のうれしさも増すというものだ。

　お祝いの席にはできるだけ出席することが望ましいが、やむを得ず欠席することもある。

　その場合には、「欠席」のあとに「させていただきます」の一文を加え、余白にその理由を書いておく。「まことに残念ですが、○○へ出張のため出席できません。おふたりの幸せを心よりお祈り申し上げます」など、出席できないことが残念であるという気持ちが伝わるようにしておきたい。

　ただし、弔事で欠席の場合は理由は書かないこと。「所用で…」というくらいにとどめておくべきだ。

　それから、もうひとつ忘れてならないのが、ハガキの表。宛名の下にある「行」は2本線で消し、「様」に書き直す。結婚式の場合はこれで大丈夫だが、その他の招待状で宛名が会社名になっていたら、「御中」にすることはいうまでもない。

　そして、出欠の返事はできるだけ早く戻すことが大切だ。先方ではこの返事を元に準備を整えるのだから、返事が来ないとやきもきしてしまう。どうしてもすぐに決定できないのなら、その旨を電話で伝え、いつまでに返事をすればいいか確認しておくといいだろう。

結婚式にはどんな服装で出席すれば失礼がない？

　格式高いホテルなどでの披露宴に招待されたら、やはりそれなりの服装で行かなくては…というプレッシャーを感じてしまうが、だからといってモーニングやタキシードで出かけるのはＮＧだ。

じつは、男性のモーニングやタキシード、女性の黒留袖といった正礼装を身につけていいのは、新郎新婦の親や兄弟、親戚といった近親者だけと決まっている。

　披露宴に出席する時はおしゃれをするのがマナーだからと、タキシードでバッチリ決めたとしても、それが新郎の友人であれば、ただの〝場違いな人〟になってしまうから注意したい。友人・知人の披露宴なら、男性はブラックスーツに白いネクタイ、女性はワンピースが基本だ。

　格式高い雰囲気を出す場合は、男性なら黒いジャケットとストライプのズボンを合わせたディレクターズ・スーツ、女性なら小振袖や訪問着などの着物がいいだろう。

　お気に入りのダークスーツがあるなら、もちろんそれを着てもかまわないが、会社に出勤する時と同じ印象にならないように、シャツやカフス、ネクタイを工夫しておしゃれに着こなしたい。

　また、女性は昼間のパーティーの場合、光りモノのアクセサリーをつけたり、肌を露出した服装を避けるというのが基本だ。

　午後4時以降の披露宴なら、光る素材やキラキラのアクセサリーもOKだが、主役はあくまでも新郎新婦。ゴージャスに着飾りすぎて新婦より目立ってしまった、なんてことのないように。

暑中見舞いと残暑見舞い、どちらをいつ出せばいい？

　最近は、携帯電話やパソコンでのメールが中心になってしまい、手紙を書く機会はかなり少なくなってしまった。年賀状は毎年恒例の行事だとしても、それ以外にはほとんど手紙を出さないという人も増えているだろう。

だが、手紙をもらうのは何となくうれしいものだ。普段は会えなくても、「へー、今はこんな趣味に熱中しているのか」と相手の近況を知ったり、「いつも気にかけていてくれるんだな」と友情を再確認することもできる。

とはいえ、急に手紙を書こうと思ってもなかなか重い腰が上がらないものだ。そんな人でも、暑中見舞いや残暑見舞いなら出しやすいのではないだろうか。

暑中見舞いや残暑見舞いには、特に書き方のルールはない。時候の挨拶は「暑中（残暑）お見舞い申し上げます」で十分だし、あとは相手の安否を尋ねたり、自分の近況などを書けばいいだけだ。

ただし、出す時期だけは決まっているので気をつけたい。

暑中見舞いを出していいのは、小暑《しょうしょ》（7月8日頃）から立秋（8月8日頃）の間だ。できれば梅雨明けを待ってから出すほうが望ましい。

それ以降は、残暑見舞いに変わるが、こちらは8月いっぱいから9月初旬までが期限の目安だ。実際には猛暑続きの毎日でも、立秋を過ぎてから暑中見舞いが届いてはおかしいので注意しよう。

通常、手紙の文頭と文末に入れる「拝啓・敬具」などの言葉は、暑中見舞いや残暑見舞いには入れなくてよい。文末の日付は、暑中見舞いなら「〇〇年盛夏」、残暑見舞いなら「〇〇年立秋」か「〇〇年8月」とするのが一般的である。

すでに文字が印刷されているハガキを使ってもかまわないが、そのまま出したのでは、「心がこもっていない」と思われることもある。ひと言でもいいので、自分で書いたメッセージを加えるようにしたい。

「お中元」と「お歳暮」はどちらも贈るべき？

正解は、「お中元かお歳暮のどちらかを贈ればよい」である。

そもそもお中元もお歳暮も、日頃、お世話になっている人へのお礼の意味合いで贈られるもので、誰かに必ず贈らなければならないというものではない。

ひと昔前であれば上司や会社関係、仲人、恩師、両親、義父母などに贈るのが一般的だったが、最近では兄弟や友人に贈るという人も増えつつある。

忙しくてなかなか会えない人への挨拶代わりとして利用されているのだ。

では、お中元とお歳暮、どちらを贈ればいいのかというと、それもどちらでもよい。特にどちらかが大切とか重要というわけでもないので、相手と自分の都合に合わせればいいのだ。

ただし、「お中元」と決めたらお中元を、「お歳暮」と決めたらお歳暮を毎年贈るようにしたい。時期が定まっていないと、相手もお返しなどの予定が立てにくいからだ。

また、贈るものは相手の嗜好に合わせたものがベスト。お酒が一滴も飲めない人に高級ブランデーを贈ったところで、もとから喜ばれないのは目に見えている。

ところで、品物選びは頭を悩ませるところだが、相手が気に入っているものなら毎年同じものでもかまわない。

「暮れになると○○さんからコーヒーが届く」というのが毎年恒例になっていれば、相手も楽しみに待っていてくれるだろう。

ちなみに、もらいたい贈り物の上位には商品券などもランクインしているので、相手の好みがはっきりしない時は、こうした実用的な物を選ぶのもひとつの手だ。

また、品物を送りっぱなしにするのではなく、事前に送ったことを伝えるのも忘れないようにしたい。

友人ならメールなどで簡単に伝えてもいいが、上司や会社関係には日頃の感謝をしたためたハガキを事前に送っておくのが大人の常識である。

和室で恥をかかないための座布団の扱い方とは？

ひと昔前に比べると、日本の家屋から和室が減ってきている。マンションに至っては、まったく和室がない造りというものも珍しくない。

こういう暮らしのなかでは、和室での礼儀もおろそかになりがちだ。もちろん家族だけで過ごしている時にはそれほど気を遣う必要もないが、他人の家にお邪魔した時には知らないと恥をかいてしまうことにもなりかねない。

和室の礼儀にはさまざまな決まり事があるものの、それを全部覚えるのは大変である。ただ、どこの家に行っても出される座布団の扱いくらいは覚えておくほうがいいだろう。

まず、座布団の上に立ってはいけない。座っている状態から立ち上がる時はもちろん、座ろうとする時にも立ったまま足を踏み出さないように気をつけるべきだ。

座る場合には、座布団のそばにひざをつき、手とひざを使って座布団の端から上がっていく。立ち上がる場合でも、同じやり方で座布団を降りてから立つこと。

そのほか、座布団の位置を勝手に動かす、座布団をまたぐ、裏返す、二つ折りにするなどもマナー違反になる。

それから、客間に通されても、すすめられるまでは座布団に座ってはならない。また、挨拶をする時は、必ず座布団を外してから挨拶するのが基本だ。

部屋に入ってすぐに挨拶するなら、畳に正座すればいいし、座ったあとにその家の家人がやってきたなら座布団から降りて挨拶すべきなのだ。

正しい箸の持ち方「三手使い」ってどんなの？

箸というのは、われわれ日本人にとって馴染みの深い道具だが、その正しい使い方と作法をご存じだろうか。

面倒くさいと思われるかもしれないが、こうしたことを覚えておくと食べ方が格段に美しくなる。それだけでなく、接待のように改まった席でも慌てたり物怖じしなくて済む。

たとえば、結婚を決めた相手の親に会う時、親は自分の娘や息子の伴侶となる人間の箸の上げ下ろしまで細かくチェックするものだ。

きちんとした作法を身につけていれば、その評価はぐっと高まるにちがいない。

まず気をつけたいのが取り上げ方で、三段階に持ち変えていく。

はじめに右手で箸を持ち上げ、次に左手を箸の下に添え、最後に右手を箸の下側に回して持ち変えて左手を離す。これでようやく食べる態勢が整うわけである。

これは「三手使い」とも呼ばれる方法で、三段階の流れは滑らかに行うとじつに美しく見えるものだ。箸を置く時には動作を逆の順序でたどっていくことになる。

ところで、器を持ったり、煮物や茶わん蒸しのふたを取る時には箸はいったん置くようにするが、ここで悩んでしまうのが、汁椀のように器と箸の両方を持たなければならない場合だ。

お椀のふたをはずす際には、当然、箸は置かなければならない。最初のひと口、ふた口は、そのまま汁を味わい、それから箸を取り上げるのである。

ただし、この時に注意したいことがある。三段階の流れは同じだが、左手に器を持っているので二段階目の動作がちょっと変わってくるのだ。

箸の下に手を添えるのではなく、お椀を持っている左手の中指と人さし指で箸を軽く挟むようにしよう。

箸を持ってからも、器に口をつけたまま汁と一緒に具を箸でかき込むのは禁物だ。器から口を離し、具を取り上げてから口へ運ぶことを心がけてほしい。

また、箸使いにはいろいろなタブーもあり、それぞれに名前がつけられている。たとえば、「ねぶり箸」は箸をなめること、「刺し箸」は料理を箸で刺して食べること、「迷い箸」は箸を持ったままどれを食べようかと器の上であれこれ迷うこと…などだ。

うっかりこんなしぐさをしてしまうと、周囲から白い目で見られることになりかねない。人前で恥をかかないためにも、日頃から気をつけたいものである。

会席料理で恥をかかないスマートな食べ方とは？

サラリーマンのランチタイムといえば、出てきた定食を片っぱしからかっ込み、そそくさと会社に戻るもの。あわただしくて何をどう食べるかなど気にしている余裕もない――。

しかし、料亭での接待の席などでは、やは

りきちんとした作法は守られて然るべきだ。頭の堅い取引先なら相手の食事のマナーしだいで、今後のつき合いを考えるなんてケースもあるかもしれない。

料亭や料理旅館などでよく出されるのは、料理が順番に運ばれてくる「会席料理」だ。

店やコースによっても異なるが、一般的には「先付け」「吸い物」「刺身」「煮物」「焼き物」「揚げ物」「蒸し物」「酢の物」ときて、最後に「ご飯」「味噌汁」「香の物」、そして「水菓子」で締める。

ところで、ほとんどが一品ずつ運ばれてくるのに対し、白いご飯と味噌汁と香の物はセットであることが多い。これを食べる順番はきちんと決まっているのだろうか。

結論から言えば「会席」の場合は自由。つまり、普段の食事のように味噌汁をひと口含んでからご飯へと進み、あとは香の物をつまみながら、交互にバランスよく食べるのがいいだろう。

ただし、これが茶の湯の席でふるまわれる「茶懐石」となると話は別になってくる。

こちらは日本古来の一汁三菜を基本としたもので、作法にも厳しく、最初にご飯を頂くのが決まりになっているのだ。

「会席料理」は格式が高く、豪勢な本膳料理がルーツだ。現在では酒宴で出される日本料理のフルコースの代名詞的存在であり、基本的にはお酒に合うおかずを次々と提供し、「物足りなければ」という意味合いで締めにご飯が出される。

なかには「白米はおかずと一緒に食べたい」という人もいるだろうが、もちろん、先にご飯を頼むことも可能だ。だが、プライベートならともかく、接待の席では相手の食べ方に合わせるほうが無難だろう。

握りずしは手で食べる？箸で食べる？

すし屋へ行き、つまみを食べている時は箸を使うのが当たり前だが、さて握りになると手でつまむのか箸を使うべきなのか悩んでしまうことがある。

手で食べたほうが粋な気もするし、箸を使ったほうが品がいい気もするし…。

正解は、どちらでもよい。もともと握りずしは手で食べるものだった。だから、手を使っても、まったくマナー違反にはならないのである。

すし屋で大きなおしぼりが出されたり、途中で変えたりしてくれるのは、「どうぞ手で食べて、汚れたら、これで手を拭いてください」ということなのだ。

たしかに、握りずしは箸では扱いにくいシロモノだ。しゃりの握り具合も固からず柔らかすぎず、絶妙なあんばいになっている。これを箸でぎゅっとつかむと、ごはんがつぶれたり、割れてしまうこともある。そこで手でそっとつまんで口に入れれば、そんな心配はないはずだ。

とはいえ、箸を使ってもいっこうに差し支えはない。どちらでも、自分の食べやすいほうを選べばいいわけだ。ただし、すしのお供であるガリまで手づかみで食べるのはよくない。ガリは箸を使って食べるべきだ。

また、醤油をつけるのはネタだけにする。こういう時に手は便利なのだが、箸を使う時は要注意だ。上手にしゃりとネタを挟んでネタのほうだけ醤油につけるようにしたい。

　これがむずかしいからといって、ネタだけはがして醤油につけるのもタブーだ。しゃりとネタが一体となってこその握りずしなので、これをバラバラにしてしまっては、すし職人にも失礼になる。

　たとえ回っているすし屋でもそれは同じこと。いつでもどこでもマナーを守れるのが大人の礼儀である。

食事の途中でタバコを吸ってもいいタイミングとは？

　定食屋で昼ご飯をかっ込むなんていう時には短時間で済むだろうが、レストランでコース料理を頼んだりすると食事が終わるまでにはけっこう時間がかかるものだ。すると、愛煙家は途中でもじもじして落ち着かなくなってくる。「タバコが吸いたい」のサインだ。

　でも、食事の途中でタバコを吸うのは、絶対にダメである。たとえ灰皿が置いてあったとしても、我慢しなければならない。

　これは周囲の人への気配りという意味もあるが、同時に料理に対する礼儀でもあるのだ。だいいちせっかく料理人が味や香りを楽しんでもらおうと丹精込めて作った料理が並んでいる場に、タバコの煙や臭いが漂ってきてしまってはそれが台無しになってしまう。

　タバコが許されるのは、デザートになってから。ただし、これもラウンジのような別室に案内されるなら別だが、同じテーブルについたままなら周りにタバコを吸ってもいいかどうかを確認する必要がある。

タバコが苦手な人もいるだろうし、隣のテーブルではまだ食事が始まったばかりということもあるからだ。近くの席で食事中の人がいたら、なるべく吸わないほうがいいだろう。

また、結婚式に出席している時もマナーは同じだ。ただ、式場やホテルでは喫煙場所が設けてあることも多いので、そういう場合にはテーブルでは吸わず、頃合いを見計らって喫煙スペースに行って吸うようにしたい。

喪中の人には贈り物をしてもいいか悪いか？

喪中の相手に年賀状を出さないのは常識だが、お中元やお歳暮となると贈っていいものかどうか、迷うところだ。

贈物には、「めでたい」とか「楽しい」雰囲気があるような気がして控えたほうがいいのかと思ってしまうが、これは贈っても問題がない。

もともとお中元やお歳暮は、日頃の感謝の気持ちを表すもので、お祝いではないからだ。といっても、相手が喪中であることを考えれば贈物にのしや水引をつけないのは当然。無地のかけ紙をして、包装も派手にならないような気遣いができれば、なおいい。

基本的には、お中元やお歳暮を贈っても差し支えないのだが、先方が四十九日前である時だけは控えるようにしよう。

まだ悲しみの癒えていない相手を思いやるという意味もあるが、この時期は葬儀の後始末やら納骨の準備やらで、遺族はけっこう忙しいものだ。お礼状などの余計な面倒を増やさないためにも、忌明《いみあ》け（四十九日後）を待ってから贈るようにしたほうがいい。

だが、お中元やお歳暮は季節もの。忌明けを待っていると、時期をはずしてしまうということがあるかもしれない。

そんな時は、お中元なら「暑中見舞い」、お歳暮なら年明けの松の内が過ぎてから「寒中見舞い」として出せばよい。あるいは、その時1回だけはパスしてしまっても、失礼には当たらないだろう。

逆に、自分が喪中であった場合も忌明けであれば贈ってもOKだ。ただし、喪中であることが気になるようなら、贈らなくてもかまわない。

この時、「お中元（お歳暮）を贈れなくて、申し訳ありません」といったお詫びの連絡は必要ない。喪中であることを知っている相手なら、「失礼な」とは思わないはずである。

喪中に年賀状をもらったら返事を書くべき？

身内に不幸があった場合には、翌年の年賀状のやりとりを控えることになる。

そのため、「服喪《ふくも》中のため、新年のご挨拶を失礼させていただきます」といった主旨の年賀欠礼ハガキを前年の暮れに出すのが習わしだ。

この知らせが届いた人たちは、当然のことながら年賀状は送ってこない。しかし、年賀の欠礼ハガキを出さなかった人から年賀状が届いてしまうこともある。

こんな時、即座に「これこれこういう事情で…」と返事を返すのは考えもの。先方がお正月のお祝い気分でいるところに、わざわざ水を差してしまうことになる。

すぐに返事を出さないのは失礼にあたるのではと心配する気持ちもわかるが、松の内が明けてから、寒中見舞いを出すほうがいいだろう。

松の内とはお正月の松飾りを飾っておく期間のことで、昔は1月15日までを指したが、現在ではだいたい1月7日頃になる。これは、どちらを目安にしてもかまわない。

その内容としては、年賀状をいただいたお礼、年賀欠礼ハガキを出さなかったことへのお詫び、服喪中のため新年の挨拶を失礼したこと、誰が亡くなったのか…などを記す。

あくまでも、こちらの非礼を詫びるというスタンスで書くことが大切だ。

ただし、仕事相手からの年賀状で、「仕事にプライベートは持ち込まない」という考えならば、ふつうに年賀状を返してもいいだろう。

反対に、服喪中を知らずに年賀状を出してしまったら、それを知った時点で、電話でも手紙でもいいので、非礼を詫びることも忘れずに。

出産祝いをもらったら どうお礼すればいい？

子供が生まれた時には、いろいろな人からお祝いをいただくが、そのお返しは「内祝い」と呼ばれている。

内祝いは本来、自分たちの喜びを一緒に祝ってもらうというもので、出産祝いをもらっている、いないにかかわらず贈るものだった。

しかし、お祝いをもらっていない人に内祝

いが届いてしまうと、なんだかお祝いを催促しているように見受けられるので、最近では出産祝いのお返しとして贈るのが一般的になっている。

内祝いを贈る時期は、赤ちゃんの生後1カ月、ちょうどお宮参りの頃を目安にしたい。

金額は、いただいたお祝いの半額～3分の1程度が基本だが、一律に2000円とか3000円としてしまってもかまわない。

というのも、お祝いが高額だった場合には、お返しも高くなってしまい、かえって相手を恐縮させてしまうからだ。

そんな時は、お返しとは別に、ていねいなお礼状を出しておくといい。金額の多寡《たか》よりも、気持ちが伝わるほうが相手もずっとうれしいはずである。

品物ののし紙は「内祝い」とし、水引の下には子供の名前を入れる。

かつては紅白の砂糖やかつお節を贈ることが多かったが、今ではタオルセット、食器、コーヒーや紅茶、お菓子、ギフトカタログなどが人気のようだ。

品物と一緒に、お祝いのお礼と赤ちゃんの様子などを記したカードを添えてもいいだろう。

知り合いが入院したら いつお見舞いに行くのがベター？

知り合いが入院したと聞くと、心配ですぐにも飛んで行きたくなるものだが、何の連絡もせずに入院直後に見舞うのは禁物だ。

入院直後は、相手の具合が悪いのはもちろん、検査や手術など治療が集中するからだ。

本人も家族も忙しいなか、見舞いに来られても対応に困ってしまうにちがいない。お見舞いというのはタイミングが大事なのである。

入院直後以外で避けたほうがいいのは、病状が安定していない時、手術の直前や直後、本人が面会を望んでいない時などだ。

「本人が見舞いを望まないなんてことがあるのかなあ」と思うかもしれないが、体力が落ちている時に人に会うのは疲れるものだし、女性であればやつれた姿を見られたくないということもある。何よりも本人の気持ちを尊重しなければならないのだ。

見舞いに行きたいという時は、必ず家族に連絡をとり、見舞いに行っても大丈夫な状態か、本人の意向はどうかを確認すること。そのうえで、面会時間を尋ね、決められた時間内に病院を訪ねよう。

ただし、面会時間内でも夕方は夕食の時間にぶつかってしまうこともあるので、この時間帯は避けたい。

面会中は明るくふるまうことを心がけたほうがいいのは当たり前だが、大笑いなどして、同室の人に迷惑をかけないようにしたい。時間も30分が限度だ。

病気見舞いは焦って行くよりも、遅れたほうがタイミングがいいこともある。入院している本人やその家族の負担にならない時期を慎重に選ぶことを心がけたい。

快気祝いは必ずしも贈らなくていいって本当?

大きな病気やけがで入院・療養をしていると、さまざまな人にお世話になったり見舞ってもらったりすることになる。そこで、病気が全快した時に、その報告とお礼をかねてこうした人々に贈るのが「快気祝い」だ。

全快したことを周囲の人に祝ってもらうことが快気祝いだと思っていたら、それは大きな誤解だ。

本来は、お世話になった人を招いて食事の席を設けるというものだったが、今ではお礼の品を配るスタイルが一般的になっている。

ところで、快気祝いとして贈る品物の選択だが、消耗品やあとに残らないものがいい。

これは「病気をあとに残さない」という意味を含んでいるからだ。たとえば石鹸、砂糖、お菓子、かつお節、調味料、タオルなどが一般的である。

反対に、相手に喜ばれるだろうと時計や食器類を選んでは、本来の意味を取り違えてしまうことになるので気をつけたい。

金額の目安は、いただいたお見舞いのだいたい3分の1～半分くらい。

また、「職場一同」のような形でお見舞いをいただいた場合には、職場へのお礼としてみんなで分けられるお菓子などを贈るといいだろう。

ちなみに快気祝いは全快したことを知らせるものなので、退院しても自宅療養を続けていたり、病状の回復が思わしくない時には、贈らなくてよい。

それでも、どうしてもお礼をしておきたいというのであれば、「御見舞御礼」「御礼」とすること。

快気祝いは絶対にしなければならないというものではない。何よりも、病気やけがから回復することが一番のお礼になるからだ。もちろん、すっかりよくなったらお礼状を出すことだけは忘れないようにしたい。

新築祝いに持っていってはいけないタブーアイテムとは?

新築祝いは、必ずしなければならないというものではない。もともとは親しい間柄の人から新居に呼ばれたら、お祝いを持って行ったというものである。

もちろん現在でも原則的にはこれに従えばよく、新築披露に呼ばれたらお祝いを贈ればいいだろう。その時に持参するもいいし、大きなものならその日までに届くように手配するといい。

しかし、お互いに忙しいと、なかなか新居に招く機会がないということも考えられる。そんな場合には、友人から新居を構えたという知らせが入った時に贈るようにするといい。

では、どんなものを贈ったら喜ばれるのだろうか。

新築と聞くと、すぐにインテリアが思い浮かぶが、これは考えもの。どんな部屋なのかわからないまま贈るのでは、相手の趣味や部屋の雰囲気にあわないこともあるからだ。どれほど高価な品物でも、自分の好みにあわなければ扱いに困ってしまうものである。

こういう時には、実用的なもののほうが喜ばれる。たとえば、キッチン用品やバス用品など。親しい間柄の友人なら「どんなものがほしい?」「○○を贈りたいけれど、どんな色が好み?」と聞いてしまうのも、ひとつの手でもある。

また、新居に招かれているなら、家を拝見

してから贈るものを決めてもいい。招待された日はケーキやワインなど気軽な手土産を持参すればいいのだ。

ただ、新築祝いにはタブーがひとつある。火に関するものは火事を連想させるため、贈ってはいけないのだ。ライターや暖房器具、灰皿は避けるようにしたい。

それから、お祝いの席にはふさわしくないとされている椿《つばき》、紫陽花《あじさい》、菊なども持っていかないように気をつけたい。

引越しの挨拶は何軒先まで回れば問題ない？

昔から、引っ越しの挨拶に回るのは「向こう三軒両隣」といわれている。これは自分の家の向かいにある3軒と左右の隣という意味だ。

基本的には、この考え方は今も変わらない。しかし、マンションなどでは向かいがなかったり上下があったりと、どこまでの範囲に挨拶をすればいいか迷うところだ。一軒家と集合住宅でも、少々事情が異なってくる。

まず、一軒家の場合だが、向こう三軒両隣に加え、裏手の家が近いようならそこにも挨拶しておいたほうがいいだろう。町内会がある地域では、町内会長の家にもひと言挨拶しておくことをお勧めする。

夫や妻の実家に同居する時でも、新しい住人として挨拶は必要だ。どこに挨拶をするべきかは、義母や義父に相談するといい。

次に集合住宅の場合。自分の家の両隣と管理人さんに加え、上下の家にも挨拶をしておくのが賢明だ。集合住宅では、思っている以上に上下の部屋に音が伝わりやすいからである。

小さな子供がいる場合には、「騒がしいかもしれませんが」と、ひと言断っておくと、のちのちのトラブルを防ぐこともできる。戸数が少ない建物なら、同じ階の住人やすべての部屋に挨拶してもいいだろう。

集合住宅といっても、社宅に住むケースではつき合いの密度が格段に違うもの。「あそこには行ったのに、うちには来ない」なんてやっかいなことにならないよう、社宅のルールを聞いてから挨拶に回ったほうが無難だ。特にルールが決まっていないなら、同じ建物の全員に挨拶をしておこう。

引っ越しの挨拶はのちのちの人間関係にまで影響してくるので、よい第一印象を与えられるよう気をつけたいものである。

お客と同席している時、勝手に上着を脱いではいけない？

洋服は多少着くずしたほうがかっこいいような気がしてしまうものだ。だが、目上の人や大切なお客が同席する場所へは、きちんとした身なりをしていくのが大人である。

気温の高い季節や大急ぎで駆けつけた時などは、暑さで思わず上着を脱ぎたくなってしまう。その気持ちはよくわかるが、ここはぐっと我慢しなければいけない。

というのも、目上の人やお客と同席している時には、相手から勧められるまで上着は脱がないのが礼儀だからだ。

たとえ相手が上着を脱いでいても、勝手に脱いでは失礼に当たるので気をつけたい。シ

ャツの腕まくりも同様である。

仮に腕まくりをするなら、そでを適当に2～3回折るのではなく、ひじの上あたりまで、きちんと折りたたむ。くれぐれもだらしない印象にならないことが大切なのだ。

そして、会合がお開きになり、相手が上着を着ていたなら、自分も急いで上着を身につける。

「今日はお世話になりました」「また、よろしくお願いします」などの挨拶は、上着を着てからするように。

この時、バタバタと慌てて上着を着るのは見苦しいので、あくまでもさりげなく、さっと着るのがスマートなやり方だ。

こんなに面倒な決まり事があるなら、ずっと上着を着ていたほうが楽、という声も聞こえてきそうだが、身だしなみは人づき合いの基本でもあるので、くれぐれも失敗のないようにしたいものである。

ドアを閉める際、客にお尻を向けたら本当にダメ？

普段何気なくしているドアの開け閉めは、別にむずかしいことはないように思えるが、他人の家を訪れた時や来客があった時には、ちょっと気をつけなければならないポイントがある。

それは、ドアの閉め方だ。〝バタン〟と乱暴に閉めないのはいうまでもない。問題は、その時の体勢だ。

「相手にお尻を向けるのは失礼かな」と、正面を向いたまま後ろ手にドアを閉めたりしてはいないだろうか。礼儀を重んじようという心がけは立派だが、この閉め方はマナーに反する。

相手にお尻を向けないという考え方は、基本的にはOKだ。

したがって、横を向いた体勢でドアを閉めればいいのである。これなら、お尻も見せることもなく、後ろ手に閉めることにもならない。

ただ、片手に湯飲みの乗ったお盆などを抱えていると、どうしても体勢が不安定になりがちだ。湯飲みをひっくり返してお茶をこぼすよりは、多少失礼ではあっても背中を向けてドアを閉めるほうがいいだろう。

また、外開きのドアのところで来客を迎えたり送り出したりする場合には、まず自分がドアを開けて外に出て、ドアを押さえたままお客の出入りが終わるのを待つ。

外に出る際は、どうしても背中を見せることになるので、なるべく顔は来客のほうへ向けておくことも大事である。

最も大切なお客が座る位置は部屋のどのへん?

自宅で家族が食卓を囲む時などは、誰がどこに座るか、だいたい定位置が決まっている。いつもと違う場所に座ると、なんとなくお尻がむずむずして落ち着かないものだ。

家族の間にはこうした暗黙の了解があるが、では自宅に招待したお客にはどう座ってもらうのがいいのだろうか。

気の置けない友人なら「適当に座って」でもかまわないが、お客の中に上司や目上の人などが混じっていた場合には心得ておきたいルールがある。

部屋の中では、入り口から一番離れている場所を上座、入り口に一番近い場所を下座と呼ぶ。もっとも大切なお客は、この上座に座ってもらうのが基本だ。

床の間はたいてい部屋の奥まった場所に作られているので、和室に通すなら床の間に近い席というのが上座の目安になるだろう。

洋室に通す時も、基本的には入り口から遠い席が上座になる。しかし、長イスとひとりがけのひじ掛けイスを置いている場合には注意が必要だ。

長イスのほうが上客の席となるので、長イスがドアに近い側にあってもこちらをすすめたい。長イスの中でも、一番奥まった位置に座ってもらうべきである。

一方、もてなす立場のあなたの席は、もち

ろん下座である。

数人の招待客のなかには、このルールを知らずに上座に座ってしまう人がいるかもしれないが、そんなことにならないよう、大切なお客には「どうぞこちらにお座りください」と、上座へ案内する心遣いを忘れないようにしたい。

食事の席ではバッグはどこに置けばいいの？

女性にとって、バッグはお出かけの時の必需品だ。化粧品や小物を持ち歩かなければならないので、手ぶらというわけにはいかない。

男性は何も持たずに外出する人もいるが、仕事の書類がいっぱい詰まった重そうなバッグを持っている人もしばしば見かける。

男女を問わず持ち歩くことの多いバッグだが、レストランで食事をする時に意外と迷ってしまうのが、その置き場所だ。これはバッグの大きさによっても異なってくるので覚えておきたい。

まず大きなバッグだが、これはテーブルまで持ち込まずにクロークに預けるのが基本だ。貴重品だけは手元に置いておけるように小さなバッグを準備しておくと便利だろう。

しかし、商談に必要な書類が入っているといった場合には、どうしても持ち込まざるを得ない。

そんな時は、お店の人に頼めば荷物用のイスを用意してくれるはずだ。

一方、小さなバッグだが、これは持ち込んでもＯＫだ。

イスの背もたれと自分の背中の間に置いた

り、あるいはお店でバックハンガーを用意してくれるなら、それを使うといい。バックハンガーとは、テーブルにバッグを掛けておく道具のことである。

また、着席したテーブルに余っている席があれば、そのイスに置いてもかまわない。

たまに、足下の床に置いていいという店もあるが、料理をサーブする人の邪魔になっては迷惑だし、何よりエレガントではないので、できるだけこれは避けたい。

それから、いくらサイズが小さくてもバッグをテーブルの上に置くのはＮＧだ。本来、食器類や料理が並ぶテーブルの上には、ものを置かないというのがマナーだからだ。

なお、デジカメや携帯電話などもうっかり置いてしまいがちなので、テーブルに出しっぱなしにしないよう気をつけたい。

手を受け皿のようにして食べたら、なぜいけない？

料理を器から取り上げて口へと運ぶ…。時間にすればごくわずかだが、けっこう緊張する瞬間ではないだろうか。

途中でポロリと箸からこぼれ落ちたり、ポタポタと汁がたれるのは恥ずかしい。かといって、口からお迎えに行くなんていうのはもってのほかだ。

飲み屋で一杯やっているならともかく、きちんとした和食の席では許される行為ではない。

そんな粗相をしないために、よく箸の下に手を添えて口元まで運ぶしぐさをする人がいる。どちらかといえば、女性に多く見られる光景だ。

そんな姿に男性としては「おしとやかな人だなあ」などと、ポーッとしてしまいがちだが、ちょっと待ってほしい。

一見、上品に見えるこのしぐさ、じつはマナー違反なのである。

あまりにも日常的に見かける動作なので少々驚いてしまうかもしれないが、「器を手に取り、自分の胸元あたりまで持ち上げて食べる」のが、正しいやり方だ。

とはいえ、何でもかんでも持っていいわけではないところが、和食のマナーのむずかしいところである。

持ち上げていい器は、茶碗、汁椀、小鉢、刺し身の醤油の小皿、揚物などのつけ汁の器などになる。

逆に持ち上げてはいけない器は、焼き魚や煮魚・刺し身の皿、煮物の大鉢などだ。

大皿から取り分ける料理の場合には、手ではなく、懐紙や紙ナプキンを皿の代わりにしよう。

普段から懐紙を持ち歩いている人はなかなかいないだろうが、たいがいの店には紙ナプキンが用意されているので、それを使えば十分だ。

愛煙家なら知っておきたい煙のマナーとは？

今や世界的に禁煙運動が広がっており、愛煙家には厳しい世の中になっている。学校、病院、飲食店、ホテルなど分煙や禁煙が義務づけられている施設も多い。

最近では、タクシー運転手の受動喫煙を防

ぐために、車内での禁煙を実施する会社も登場した。

しかし、これだけタバコが敬遠される時代だとはいえ、やはり「ひと仕事終わったあとや食後の一服がたまらない」という愛煙家は存在する。

嫌煙家には迷惑なシロモノでも、愛煙家にとってはくつろぎのひと時をもたらしてくれるものなのだ。

だからこそ、タバコを吸う際には、いろいろな注意が必要だ。

火事の原因になったり、他人を傷つける恐れもあるポイ捨てや歩きタバコはいうまでもない。喫煙場所や時間が指定されている場合には、必ずそれに従うことが大切だ。

当然これらは基本的に守るべきルールだが、問題は喫煙可能な場所での行動だ。

「喫煙所」という場所でも、そばにはタバコが苦手という人がいるかもしれない。あるいは、食事中の席に煙が流れていき、料理の風味を損なう恐れもある。

煙がどの方向へ流れていくかを考えて灰皿の置き場所を調整したり、自分の座る位置をずらしたりすることを心がけたい。周りにひと言「タバコを吸ってもいいですか」と尋ねることもマナーのひとつだ。

もうひとつ気をつけたいのが、近くに妊娠中の女性や幼児がいる場合である。

妊婦や幼児は、特に受動喫煙での健康被害を気づかわなければならない対象である。このような席についたら、タバコは我慢すべきだ。

喫煙のマナーとは、すなわちタバコを吸わない人への思いやりともいえるのである。

常識その七

言葉遣い

「お疲れ様」と「ご苦労様」の賢い使い分けとは？

「いつもお世話になります」は初めて会う人にも言う？

ビジネスシーンでよく使われる慣用句の筆頭に、「いつもお世話になります」という言い回しがある。

「いつも…」とつくからには、顔見知りの人や以前から知っている人に対して使うものと思ってしまうが、ビジネスシーンで使う場合はそうとは言い切れない。

たとえば、得意先を訪問して受付で来訪を告げたとしよう。

受付にいる人とは初対面であっても、相手からは必ずといってもいいほど「いつもお世話になります」という言葉が返ってくるものだ。

そんな時、「いつもって、会ったのは今日が初めてなんだけど…」などと天邪鬼《あまのじゃく》な考え方をするのはやめたい。

電話をかけた場合でも同様のことがいえる。電話口に出た人とは知らない者同士であっても、受けた人にしてみれば、かけてきた相手は社内の人間が世話になっているか、もしくは会社にとって重要な客だと思っているかもしれない。

自分にとっても大切な人、という意味合いで使われているのだ。

つまり、「いつもお世話になります」という慣用句は、相手に対する感謝の気持ちの表れだということができる。

たとえ初対面であっても、会社を訪問してきた人を尊重し丁寧に扱っているという態度を相手に伝えるのが目的でもあるのだ。

「1000円からお預かりします」の「から」はなぜ間違い？

たとえば、コンビニエンスストアやファミリーレストランで、レジで会計をする際に小銭がなくて1000円札を出したとしよう。

その時、レジの人から「1000円からお預かりします」という言葉が返ってくることはないだろうか。

通常「から」という言葉は、〝人〟から〝モノ〟を預かる時に使うもので、1000円札という〝モノ〟から預かるという言い方はしない。

したがってこの場合は「から」は必要ない。単純に「1000円お預かりします」でいいのだ。

ただし、「1000円のお預かりから○○円のお釣りをお返しします」という言い方は間違いではない。

また、もし会計で支払い金額が1000円ちょうどだった時には、「1000円頂戴します」が正しい。

このような違和感のある言葉遣いで、ファミリーレストランなどでよく耳にするのが、「ご注文のほうはお決まりですか」である。

先ほどの「から」と同じで、「ご注文」の次に「ほう」をつける必要はないのだ。

このような言葉遣いは、若者を中心に使われていることが多いようだ。

なかには「から」や「ほう」をつけたほうが丁寧な言い方だと勘違いしている人もいる。しかし、それは大きな勘違いだということを覚えておきたい。

政治
経済・ビジネス
社会
暮らし
しきたり
礼儀作法
言葉遣い
日常生活
教養

言葉の頭に「お」をつけただけでは尊敬語にはならない？

相手のすることや持ちもの、ある状態などに対して尊敬の意を表すのが尊敬語。でも言葉の頭に「お」を付けるだけで尊敬語になるわけではない。

たとえば「食べる」は、つい「お食べにな る」と言ってしまいがちだが、正しくは「召しあがる」である。「言う」も同じように「言われる」ではなく「おっしゃる」であり、「見る」は「ご覧になる」、「来る」は「いらっしゃる」と変化する。

もちろん「お」＋「～になる」で尊敬語となる動詞も多い。「お話しになる」「お聞きになる」「お思いになる」などだ。

名詞も「お」をつけていい場合とつけるべきではない場合がある。

「お手紙」「お電話」「お元気」などは正しいが「おコーヒー」「お電車」などとは、たとえそれが相手のものであってもけっして言わないものだ。

「お」をつけるべきでない名詞のルールは4つある。

まずは外来語。「おビール」や「おトイレ」は接客業などでは一般的だが、本来はNGなのだ。次に公共物だが、「お役所」「お教室」などはかえって厭《いや》味な表現になりかねない。

動植物に対しても同じで、「お犬」「お猫」「お草」とは言わない。「お犬様」と呼ばなければならなかったのは、江戸時代の「生類憐みの令」が布かれた時ぐらいだろう。

自然現象である「雨」「台風」「地震」にも

…というわけで
我々酒飲みは
「お」の字で敬意を表して
いるんだよ…
ね？
だから
お酒
もう1本
だけ…
わが家はもう
カンバンでーす

「お」はいらない。「お台風のなか、ありがとうございます」では、「台風」に敬意を表しているようなものだ。

ちなみに、子供に対して「お洋服」とか「お山」と言うことはあっても、大人同士の会話で使えばどこかおかしな印象を与えてしまう。

外来語、公共物、動植物、自然には「お」をつけない。これだけでも覚えておくと妙な尊敬語にならずに済むはずだ。

「大丈夫ですか？」を使っていいのはどんな時？

話の最中に咳き込んだとしよう。何度も続けていれば相手からはおそらく「大丈夫ですか？」と心配されるだろう。

また駅の階段で足を踏み外したら近くにいる人が「大丈夫ですか?」と声をかけてくることもある。

そうかと思えば、スーパーで12個パックのトイレットペーパーを買った時に、レジの人が「テープで大丈夫ですか?」と言ったりもする。

これはつまり、「袋に入れずにテープを貼るだけでも問題はありませんか?」という意味で言っているのだが、この文には主語がなく、初めて言われた時は、〝え、いったい何がテープで大丈夫なの?〟と不思議に思ったりもする。

さて、このようにさまざまな使い方がされている「大丈夫ですか?」という言い方だが、広辞苑によると「大丈夫」は、「しっかりしていて問題がないさま」「危なげのないさま」「間違いなく」「たしかに」といった意味がある。

言い換えると、何か問題があると想定される場面で使うのが一般的なのだ。

たとえば、「明日の出発は朝早いけれども大丈夫ですか?」という言い方の裏には、「問題なく早起きできますか?」という意味が込められているのである。

最近問題になっている「サ入れ言葉」って何?

新幹線に乗ったら車掌が車内を回ってきて「乗車券を拝見させていただきます」、テレビの歌番組では年配の歌手でさえ平然と「新曲を出させていただきました」と言う。

さらに、会議やトークショーなどの司会者

までもが「ではそろそろ始めさせていただきます」といった具合に、近頃やたらと耳にするのが「…させていただきます」をつける言い回しだ。

　使っている人たちはこれが最上の敬語だと思っているかもしれないが、じつは大きな勘違いである。

　正しい日本語の使い方という点でいえば、「させていただく」は相手または第三者の許可を受けて行う行為、または、そのことで相手から恩恵を受けるという気持ちのある場合に使われる表現である。

　また「させていただく」は、「する」の使役「せる」に「さ」をつけ、「もらう」の謙譲語「いただく」をつけたもので、「サ入れ言葉」と呼ばれ、最近過剰な敬語表現として問題にもなっている。

　では、冒頭の3つの言い方を正してみると、「乗車券を拝見させていただきます」は「拝見します」だけですでにへりくだっているし、「新曲を出させていただきました」は「新曲を発表いたしました」、「始めさせていただきます」は「開始いたします」で謙譲表現になるのだ。

　昔から「過ぎたるは猶及ばざるが如し」というが、「させていただきます」という過剰な使用は避けたほうが無難なのである。

「お疲れ様」と「ご苦労様」の賢い使い分けとは？

「お疲れさま」と「ご苦労さま」は、ともに相手が疲れたと思われるシーンでねぎらいの気持ちを伝えるひと声なのだが、何とも微妙で、それでいて厳然たる違いがある。

どっちでもいいのでは？　と考えてはいけない。たぶん英語なら同じ訳になるだろうこの言葉のニュアンスの違いに、日本人は意外とこだわっているからだ。

両者の違いはハッキリしている。

まず「ご苦労さま」だが、これは苦労をかける立場の人から苦労をした人に対して言うのが一般的。

つまり、上に立つ人間から下の立場の人間へのねぎらいの言葉なのである。

だから社長が社員に「ご苦労さま」と言うのは正解だが、社員が社長に「ご苦労さまでした」というのは言語道断だ。そんなことを言ったら「おまえ何様のつもりだ」と叱責されるのがオチである。

その点「お疲れさま」は使い勝手のいいオールマイティな言葉だ。

上司が部下に言うこともできるし、部下が上司へかけるねぎらいの言葉としても適している。立場が微妙で迷った時にもとりあえず「お疲れさまでした」と言っておけば間違いない。

ただし、明らかに相手が大物で、もっと丁寧に言いたい時は「大変お疲れさまでございました」と前後を敬語でかため、尊敬の気持ちを込めるのがいいだろう。

目上の人に「お願いできますか？」がタブーの訳とは？

誰かにコピーをお願いしたい時に、丁寧に言ったつもりで、「これコピーお願いできますか？」と言ってしまう人も多いのではないだろうか。

しかし、この問いかけだと相手の能力の程度を確認する言葉になってしまうのである。

言い方やシチュエーションによっては「できないのではないですか」という意味を含み、相手の能力を否定することにもつながってしまうので使う時は十分な注意が必要だ。

特に目上の人に使う時には十分に配慮しなければならない。

「できますか」だけではなく、「書けますか」「読めますか」など「可能」を表す言葉すべてにいえることで、同じように「わかりますか」も何気なく使ってしまいがちな言葉だ。

たとえば、新しい企画のプレゼンテーションで長い説明のあと、上司に「ここまではおわかりでしょうか」とつい口が滑ってしまったという経験はないだろうか。

当然、上司の理解度を計ったつもりはないだろう。自分の説明で理解できたかどうか、不足している部分がなかったかどうか、そちらの心配をしただけなのだ。

でもそれが上司に通じるかどうかは、それまでの上司との関係性によるところが大きい。

会議や商談などでは、「これでよろしいでしょうか」、「いかがだったでしょうか」という言い方のほうがあたり障りがないと覚えておきたい。

「お帰りになられる」が敬語として正しくないのはなぜ？

ファーストフード店で注文をすると「こちらでお召し上がりになられますか？」と、たいていこんな台詞が返ってくる。

普段は当たり前のように聞き流しているが、じつはこれこそが二重敬語というものだ。「お召し上がりになられる」を分解すると、「お」＋「召し上がる」＋「～になられる」となる。

「召し上がる」だけで「食べる」の尊敬語であるのに、さらに「お」＋「～になられる」という敬語がついてしまっているのだ。

正しくは「こちらで召し上がりますか？」。こんなシンプルな言い方で十分に敬語として成り立っているのである。

一方、間違った言い方として多くみられるのが「お越しになられる」「おっしゃられる」「お帰りになられる」「ご覧になられる」など。

敬語というとどうしても「お」や「ご」＋「～られる」の形にしたくなってしまうのかもしれない。正しくは「お越しになる」「おっしゃる」「お帰りになる」「ご覧になる」である。「お（ご）」をつけた時は「れる（られる）」はつけない。逆に「れる（られる）」をつけたら「お（ご）」はつけない、と覚えておくといい。

たとえば、「お帰りになられました」は、正しくは「帰られました」、もしくは、「お」をつけるなら「お帰りになりました」になるのである。

ちなみに、「お考えになっていらっしゃいます」は二重敬語だろうか？

答えはノーだ。「考える」の敬語が「お考えになる」であり、「いる」の敬語が「いらっしゃる」である。別の動詞なので二重敬語ではないのだ。意外と使ってしまいやすい二重敬語。特に接客業に携わっている人は、気をつけたいものだ。

敬称のひとつ「殿」は、どんな時に使えばいい？

敬称とはじつにやっかいなものである。つけないのは論外だし、かといって間違えば相手に大変失礼になり、その後の関係にヒビが入ってしまうこともある。

敬称といっても「先生」「様」「社長」「部長」「係長」「御中」「さん」「君」など数えあげたら枚挙にいとまがないが、そのなかでも「殿」の使い方を勘違いしている人が意外と多い。

じつは「殿」は目上の人が目下の人に使う敬称で、目上の人に使うのは失礼にあたるのである。「お殿様」の「殿」だから一番エライ人に使うのだろうと考えても無理はないが、実際はまったく違うのだ。

そもそも現代では「殿」を使う機会は減少しており、見ることも聞くこともあまりない。今では圧倒的に「様」が使われることのほうが多くなっている。「様」はすべての人への敬称であり、目上や目下、男女など親しい度合にかかわらずに使える万能選手だからだ。

ちなみに、主な敬称の使い方は次のようにまとめられる。会社や部署に対しては「御中」、役職名には「殿」、個人には「様」、対象が大勢の場合は「各位」となる。

役職名には「殿」とあるが、あくまでも社内的な文書のみで使われることが多い。しかも「殿」は見下した印象があるため、この場合でも「様」を使うケースが増えている。

それでもあえて「殿」を使う場合は、「○○部長殿」だと、「部長」という敬称に「殿」

という敬称を重ねた二重敬語になるため、「人事部長○○殿」と「役職名」＋「名前」の後に「殿」を書くのが正解だ。

ただし、目上の役職者には「人事部長○○様」と最後は「様」にすることを忘れずに。

お断りをやさしく伝える〝クッション言葉〟って何？

たとえば以前から行きたいと思っていたレストランに予約の電話をしたとしよう。「その日は満席です」とつっけんどんな断られ方をしたら、もう一度電話をかけたいとは思わないだろう。

しかし、社員教育がきちんと行き届いている店なら、電話に出た人から「ご予約のお電話ありがとうございます。あいにくですが、その日は満席になっておりまして…」というような丁寧な返答があるはずだ。

これだと断られても、「そうか、満席ならしかたないな」とすんなり諦められるし、それほど悪い気分にもならないものだ。

じつはこの「あいにくですが…」という言い回しがミソなのだ。この言葉のなかには、相手の要求に応えられずに申し訳ないという〝相手を立てる気持ち〟が込められている。

断られたほうにしてみれば、自分の要求は通らなかったけれども、面子まで傷つけられなかったのでそれほど悪い気分にはならないというわけだ。

ビジネスにおいて、相手の面子を守るということは、非常に重要なことである。

クライアントの要望にどうしても応えられないという時には、「あいにくですが…」、

「申し訳ありませんが…」のようなクッション言葉を使って、クライアントの面子をつぶさないようにする心構えが必要だ。

使っても許される「ら抜き言葉」ってどんなの？

いつ頃からか日本中に蔓延してしまった〝ら抜き言葉〟。「ご飯が食べれる」、「テレビが見れる」、「明日来れる」などがその例だが、これらは本来「…られる」と言うのが正しい表現である。

「られる」は助動詞で可能、受身、自発、尊敬などの意味があり、日本人はなんと平安時代の昔からそれらを使い分けてきたのである。

さて、「食べれる」「見れる」は正しくは「食べられる」「見られる」で、「〜することができる」というニュアンスで使われ、可能の意味を持っている。

だが、「来れる」を正しく「来られる」と言った時には、可能だけでなく尊敬を表す表現にもなる。

たとえば主語を社長にすると「明日、社長は来られる」という具合だ。しかし、尊敬の意味で使う場合、けっして〝ら抜き〟にはできない。

また、尊敬の表現と同様に、「誰かに見られる」のような受身の表現や、「将来が案じられる」のような自発の表現においても、けっして〝ら抜き〟にはできない。つまり〝ら抜き言葉〟は、可能の意味で使われる時に限って起こる現象ということになる。

そこで、可能の意味を持つ表現をすべて〝ら抜き言葉〟で表したら、尊敬や受身の意味で使われているのと混同せずに済んで、逆に便利だという意見もある。

正しい日本語としてあくまで「られる」と表現するか、便利な〝ら抜き言葉〟を使うかは、使う人の気持ちしだいということなのかもしれない。

若い人が「普通」と言ったら、どういう意味になる?

若者の間では、自分の感情や何かの判断基準を表す時に「普通に」という言い方がされている。

たとえば友達同士で昨夜のテレビ番組の話をしている時に、「普通に面白かった」と言ったり、出演していた女優のことを「普通にきれい」と言ったりというようなものだ。

広辞苑によると「普通」とは、広く一般に通ずること、どこにでも見受けられるようなもの、一般・並という意味である。

となると、番組は〝まあまあ〟面白かった、女優は〝世間並みに〟きれいだという意味で使われているのだろう。

しかし、若者の間では、この「普通に」が時々、「え、どういう意味?」と思ってしまうような使い方をされている。

たとえば、ある高校での出来事。

生徒がテストの開始時間に遅刻してきた。「どうして遅刻したのか」という問いに対して、その男子学生は頭をかきながら「普通に寝坊しました」と答えたのだという。

「普通に寝坊した」とは、いったいどのような寝坊の仕方なのだろう。

おそらくその生徒は、寝坊したことに対し

て言い訳をするつもりがないという意味で、「普通に」を使ったのだと思われる。

つまり、具合が悪くて寝過ごしたとか、朝方まで勉強していて寝過ごしたとか、そのような理由があって寝坊したのではなく、ただ単に寝過ごしてしまったというつもりで「普通に」と言ったにすぎないのだ。

なかなか奥が深い「普通」の使い方だが、ここまでくると、「普通に」の人には理解できない…。

初対面かどうか忘れてしまった相手にはどう挨拶するべき？

人間の記憶力には限界がある。道端などですれ違った人に対して、以前にもどこかで会ったような気がするがまったくの人違いかもしれない、と思うことはよくあるものだ。

これがほんのすれ違いざまであればそのまま通り過ぎてもいいが、ビジネスの場となるとそうはいかない。

たとえばパーティなどの席で主催者から紹介された人に、かすかに見覚えはあるがどうも記憶が定かではないという状況を想定しよう。このような場合、相手の顔をまじまじと見つめながら「どこかでお会いしましたっけ?」などと聞くのは無礼千万だ。

どうしても相手のことが思い出せない時は、逆に軽く会釈しながら「○○でございます」と名乗り出てみよう。

この言い方には、「○○でございます」の後に「私のことを覚えていらっしゃいますか?」という意味合いを含むことができるからだ。

それに対して相手から何もリアクションがなかったら初対面である可能性が高い。そのような時には、「初めまして。今日はよろしくお願いいたします」と挨拶を交わせばいいし、相手がこちらを覚えていたら、「ご無沙汰しております」と続ければいいのだ。

名乗り出る時に、「○○と申します」と言うと、相手がもし自分のことを覚えていたら、「はい、以前にもお会いしましたね」となって、相手のことを忘れていたことがわかってしまう。くれぐれも名乗り方を間違えないようにしよう。

「好感の持たれるスピーチは3分」の訳とは?

社会人になると、結婚式やパーティなどで

スピーチをする機会が多くなってくる。

どんな席でも延々と続くスピーチは嫌われものだ。かといって、短すぎるスピーチだと、自分が何を言いたいのかを伝えきれずに終わってしまう場合がある。

そのようなスピーチは、聞き手にしてみればすっきりしない終わり方をした映画を観たような気分にさせてしまうものだ。そこで、聞き手を楽しませながら、伝えたいことを効果的にスピーチできる秘訣を伝授しよう。

まずは、あらかじめスピーチ用の原稿を作成しておくことがポイントになる。一般にスピーチに適した時間は3分といわれている。人はだいたいそれくらいの時間だと、飽きずに最後まで話を聞くことができるのだ。

3分は文字数にして900字前後である。文字数にあわせてストーリーをまとめた後は、声に出して読み上げてみるのだ。すると3分でどのくらいの内容が盛り込めるかわかってくる。

わざと難しい言葉を使ったりせずに誰にでもわかりやすい表現を使い、聞き手が興味を持つようなストーリーにして時おりユーモアを交えるなど、ちょっとした工夫次第でスピーチはどんなふうにもアレンジできる。

自分なりのアレンジを楽しみながら、周囲をうならせるようなスピーチができたらしめたものだ。パーティの人気者になれるのは間違いない。

トラブルが起こった時にしてはいけない謝り方とは？

ちょっとしたお礼や連絡事項などに使うな

ら、メールは電話をかけるよりも手軽で時間の節約にもなる。しかし、ここで注意しなければいけないのは、メールはお互いの顔を見ずにやりとりをするものなので、特に複雑な問題やトラブルの対処となると誤解を招きやすくなるということだ。

通常、相手と向かい合って話す時や電話でトラブルの処理に当たる場合は、相手の表情や声の調子をうかがいながら話すことができる。

時にはなんとか相手を納得させようと厳しい口調になってしまうこともあるだろうが、そのような場合でも「すみません、言い過ぎました」とすぐに撤回することができる。

だが、メールだとそうはいかない。自分の言い分を一方的に送りつけるメールのデメリットは、書いているうちに相手への苛立ちが高まってくると感情がコントロールできず、つい失礼な言葉を使ってしまうところである。

さらに、売り言葉に買い言葉で、送ったメールに対して先方からも感情を露わにしたメールが届いたりすると、ますます悪循環になってしまう。

このような失敗を避けるには、送信する前に必ず文章を読み直すこと。頭に血が上ったままの状態で送信してしまい、その瞬間「しまった！」と思ってもあとの祭りである。

これだけ知っていればいい ビジネス文書の黄金ルールって？

正式な手紙やビジネス文書を書く時には、頭語と結語、時候や安否の挨拶のように知っておかなければならないいくつかのルールがある。

そもそも手紙とは、前文、主文、末文の3つのパートから成り立っている。前文は頭語、時候の挨拶、安否の挨拶の順に構成されており、前文でひと通りの挨拶をすませてから主文に入るようになっている。

以下が前文の例である。

「拝啓、初冬の候、貴社ますますご清栄のこととお喜び申し上げます」

この前文で頭語に当たるのが「拝啓」だ。頭語には他にも「謹啓」「拝復」「前略」などがある。時候と安否の挨拶は、手紙の書き方のマニュアル本などを見ればたくさん出ているので、それらを参考にするといいだろう。

ただし頭語に「前略」を使う時は、読んで字のごとく「前文を略す」。つまり「挨拶をすべて省略して本文に入ります」という意味を含んでいるので、時候と安否の挨拶を書く必要はない。

また、マニュアル本が手元になくて時候の挨拶が思い浮かばない時は、「時下」で省略してもかまわない。

前文が書けたらいよいよ手紙の本題である主文だ。前文から主文に移る時は行を改めて、「さて」「このたび」「さっそくですが」などでつなぐとスムーズに本題へと導くことができる。

末文もマニュアル本にしたがって「取り急ぎ、お知らせ申し上げます」、「今後ともより一層のお引き立てをお願い申し上げます」などで無難に締めくくろう。

末文の次に来るのが前文の頭語に対応する結語であるが、じつは頭語と結語とは決まった組み合わせがあるのだ。

「拝啓」には「敬具」を、返信の時の「拝復」にも「敬具」を、改まった場合の「謹啓」には「敬具」か「敬白」を、そして「前略」には「草々」を組み合わせるのがもっとも一般的である。うっかりと間違った組み合わせで使わないよう注意したい。

ワープロ文書と手書き文書、最も気をつけるべきこととは？

ビジネス文書はある程度フォーマットが決まっている。したがって手書きよりも、文書の内容をその都度、差し替えられるワープロで作成するほうが効率的である。

しかし、ワープロへの過信は禁物だ。「削除」「挿入」を繰り返しているうちに、とんでもない作業ミスを招く場合がある。漢字の変換ミスもつきもので、面倒でも辞書を引いて確かめてから打ち込むほうが安全だ。

また、相手の名称を2行にわたって書くのは「名折れる」といって忌み嫌われる。同様に、相手を尊敬する表現である「貴社」や「御健勝」などの「貴」や「御」が行の最後にこないように字配りにも注意が必要だ。

これらの注意点を念頭に置いて、文書を作成し終わったら必ず読み直して作成ミスがないかしっかりと確認したいものだ。

一方、礼状や紹介状のような改まった文書には、書き手の気持ちが込められた手書きの手紙のほうが望ましい。筆記用具は、ボールペンはややカジュアルな印象を与えるので、ペンか万年筆がベストだ。ほんの2、3行だからといって鉛筆書きはマナー違反。正式な文書は筆記用具もそれなりに気を遣うべきだ。

常識その八

日常生活

「破れた紙幣」どれだけ残っていたら交換してもらえる?

肉の焼き方、グリル、ソテー、ローストはどこがどう違う？

レストランや洋惣菜店でしばしば遭遇する、「グリル」「ソテー」「ロースト」という横文字。これらは西洋料理での食材の焼き方の名称なのだが、それぞれを正確に説明できる人は意外と少ないのではないだろうか。

まずは「グリル」だが、これは波形の溝のある鉄板や格子状の金網などを用いて、食材をあぶり焼きにする方法だ。

鉄板や網の焼け目をつけながら、外側はカリッと香ばしく、内側は柔らかく仕上げるのがポイント。そのため食材は、肉でも魚でも野菜でも厚みがある状態で焼くとよい。

続いて「ソテー」は、厚手のフライパンなどにバターやサラダ油を入れ、強火で炒め上げる焼き方だ。フランス語の「sauter（飛び跳ねる）」が語源で、炒める際に油脂や食材が飛び跳ねる様子を表している。

短時間で調理するため食材は柔らかいもの、薄くカットしたものを用意する。牛肉なら、フィレ肉の薄切りがベストだ。

そして「ロースト」だが、これは食材を串刺しにして直火にかざしたり、オーブンの放射熱を利用して加熱する焼き方だ。

長時間かけて蒸し焼きにするため、食材は大きめのものを選ぶのがコツ。鳥なら丸ごと、牛・豚ならロースなどの塊をそのまま火にかける。

ちなみに、ロースという言葉はローストに適していることから作られた和製英語である。

料理を作る側はもちろんのこと、食べる側

もも、焼き方の違いを知っているだけで日々の食事はぐっと楽しくなるはずだ。

魚には白ワイン、肉には赤ワインを頼まなきゃ野暮？

フランスのワイン消費率が年々減少しているという。その分、ワイン人口がグッと増加しているのが日本である。海外産ワインの輸入量はここ10年でおよそ2倍に増えているし、そういえば最近、周囲にワイン通の人が増えてきたような気がする。

しかし、日頃ビールやチューハイといったお酒に親しんでいる人にとっては、ワインは敷居が高く感じるのもたしか。フランス料理のイメージが強いせいか、飲み方にもいろいろルールがあって純粋に楽しめないというのがその理由だ。

たしかにワインは他の酒以上に料理やつまみとのバランスが重んじられる。

その代表的な例が「魚料理には白ワイン、肉料理には赤ワインが合う」というセオリー。ワインにさほど詳しくない人でも、これをフランス料理の常識として覚えているのではないだろうか。

だがじつは、料理によってはその限りではない。というのも、同じ魚・肉料理でも使われるソースや香辛料によって、味の印象はガラリと変わるからだ。

たとえば、赤ワイン風味のソースが添えられた魚料理、白こしょうだけでシンプルに焼かれたステーキ。これらはセオリー通りのワインでは、あまり相性はよくない。

セオリーとして覚えるなら、軽い口当たり

の料理には白ワイン、重くしっかりした味の料理には赤ワイン。もしくは、白身の魚なら白ワイン、赤身の魚なら赤ワインというように、性質の同じものを選ぶようにするとよいだろう。どちらか判断がつかないようなら、中間のロゼを選ぶという手もある。

フランス料理には「マリアージュ」という言葉があって、これはまさに料理とワインにおける相性のことを指す。

マリアージュとはフランス語で〝結婚〟という意味を持つ言葉で、つまり一緒に食べれば相乗効果でどちらも美味しさが引き立つという、フランス人ならではのこだわりが生んだ料理用語なのである。

とはいえ、生粋の日本人にフランス人と同じ感覚を求めるのも無理な話。餅は餅屋ではないが、ワイン選びに迷ったらソムリエにまかせる。これがもっともスマートといえばスマートかもしれない。

中国の四大料理って いったいどんな料理？

中国人の次に中華料理を食べるといわれる日本人。ラーメンはもはや国民食だし、チャーハンや餃子、麻婆豆腐など、日本の食卓に中華料理は必要不可欠な存在だ。

だが相手は４０００年の歴史を持ち、日本の約25倍の面積を誇る中国。「中華料理」などという言葉でくくってしまうのは失礼なほど、料理の種類は多い。そこで最低限でも覚えておきたいのが、中国四大料理である。

その四大料理とは、「北京」「上海」「四川」「広東」。この４都市を中心にして、味や調理法にさまざまな特徴があるのだ。

まず北京料理だが、長く首都として機能してきた都市ならではの宮廷料理が主である。中国でも北の方に位置しているため、味付けは濃く、油も多めに使うのが特徴。また、餃子、包子（中華まん）などの粉モノも豊富だ。代表的な料理に北京ダックがある。

近年成長著しい上海は、昔から貿易港として栄えただけあって多種多様なエッセンスが入り混じる。味は甘辛で酢を多用する。

揚子江で獲れるカニやエビといった海鮮料理が人気で、広く知られているところではチンジャオロースなどがある。

ぐっと内陸へ入った四川は交通の便が悪いせいか、味噌や唐辛子などの保存食が多く、辛い料理が主流。これらは身体を温める効果もあるので、厳しい寒さをしのぐのにもってこいである。特に、麻婆豆腐は日本でもおなじみの料理だ。

そして海も山もある広東は、「食は広州にあり」と評されるほど食文化が発達した地域だ。素材の持ち味を活かすシンプルな味付けで、日本で人気の「飲茶」も広東料理のスタイルのひとつである。

日本ではこれらをジャンルごとに意識する機会はあまりないが、チャイナタウンなどでは各料理の専門店をうたう店も多い。どうせ行くなら、自分の食べたい料理がどこにあるかくらいは知っておいたほうがいいだろう。

ちなみに、この四大料理とはあくまで日本的な分類のしかたで、本国で四大料理といえば山東、江蘇《こうそ》、広東、四川。さらに福建、浙《せっ》江《こう》、湖南、安徽《あんき》を加えて八大料理、さらに北京、上海を加えて十大料理とするのが普通だ。

意外にも北京料理と上海料理の歴史は、かなり後のものなのである。

焼く、煮る、刺身…魚のDHAをたくさん摂れるのはどの調理法？

「頭がよくなる！」「眼がよくなる！」。そんな謳い文句とともに、ひと頃脚光を浴びた栄養素がDHA（ドコサヘキサエン酸）だ。

これは不飽和脂肪酸の一種で、脳や網膜の一部に含まれる脂肪酸の主成分のひとつ。人間の脳内における情報伝達に重要な役割を果たすほか、血中コレステロール値を改善する効果もある。

しかし、このDHAは人間の体内では微量しかつくることができない。必要な量のほとんどを魚などの食物から摂取しなくてはならないのだ。

人体にとって重要な栄養素のひとつであるDHAだが、いったいどんな魚に多く含まれているのだろうか。またどうすれば効率よく摂取することができるのだろうか。

DHAはサバやイワシといったいわゆる「青魚」に多く含まれている。

生魚100グラムあたりの含有量はサバに1780ミリグラム、マイワシに1140ミリグラムもあるが、カツオでは310ミリグラム、ヒラメにいたっては176ミリグラムしかない。青魚以外にはウナギ、サケ、筋子、マグロのトロなどに多く含まれている。

また、DHAは前述したように「脂肪酸」の一種であり、魚の脂に多く含まれている。このため、加熱によって脂が失われると同時にDHAも失われてしまうのだ。

　炭火でじっくりと焼き上げた脂ののった焼き魚は絶品だが、ＤＨＡをたくさん採りたければ刺身や脂も一緒に摂取できる照り焼きなどがおすすめだ。

　だが、フライは高温で調理することになるため、ＤＨＡが揚げ油に大量に流失してしまうので注意したほうがよい。ちなみに缶詰めの汁にはＤＨＡがそのままとどまっているため、汁ごと利用したい。

　もちろん、ＤＨＡを摂取したところで学校の成績がよくなったり、近視が治ったりするわけではないが、不足するとＡＤＨＤ（注意欠陥多動性障害）やアルツハイマー型痴呆といった深刻な影響が出ることも近年わかってきた。

　このように痴呆防止や生活習慣病予防に重要なＤＨＡ。イワシやサバなどの身近な魚で賢く摂取したい栄養素である。

マンションの玄関横にある「定礎」って何の意味があるの？

　マンションやビルの玄関横を通ると何気なく目に入ってくるのが「定礎」の文字が刻まれたプレートや石だ。単に竣工日を記念に記しただけのものと思われがちだが、実際どのような意味を持っているのだろうか。

　そもそも定礎とは、石造建築の本家であるヨーロッパで建物の基準となる隅の礎石を定めることをいった。その際に開かれる儀式を“Corner Stone Laying Ceremony”（定礎式）というのだが、本来は建設の初期段階で行われるものだ。

　しかし日本では、建築工事がある程度まで

終了した時点で、それまでの工事の安全に対する感謝と、後の仕上げの工事の安全を祈るためにこの定礎式が行われており、その際に定礎石が取り付けられるのだ。場所は通常、建物の南東の角に置かれるが、最近では正面玄関近くに設置されるケースも多い。

ところで、あのプレートや石の下に箱が埋め込まれていることをご存じだろうか。この箱は「定礎箱」といい、定礎式の時に土中に収納されるものだ。

定礎箱そのものは、永年の腐蝕に耐えられるように鉛や銅、ステンレス製で作られ、箱の中には住所や発注者、施工者などを記した定礎銘板のほか、氏神様のお札、建築平面図、当日の新聞、通貨、社史、社員名簿などが納められている。普段はもちろん取り出すことはできないが、再び見ることが出来るのは建物を壊す時である。

このように定礎とは、未来や過去に思いを馳せることのできるタイムカプセルのような存在でもあるのだ。

「破れた紙幣」どれだけ残っていたら交換してもらえる？

もし、お札が破れてしまったり、ちぎれてしまったらどうするのか。破片が揃っていれば全額新しい紙幣と交換できることは周知の通りだが、片方の破片を無くしたり、焼失してしまった時にはどうなるのだろうか。

この場合には、紙幣の面積が重要なポイントとなる。まず、3分の2以上紙幣が残っていた場合、全額交換が可能となる。

もしお札が焼けて灰になったとしても、形

が崩れずに元の形が見てとれるなら全額交換が可能なのだ。しかし、灰になった紙幣を確認してもらうためどうやって運んで確認してもらうかが問題だ。なぜなら灰なので運んでいる途中に灰が吹き飛んでしまったら、もちろん交換してくれないからである。

次に破損した紙幣が5分の2以上、3分の2未満の場合には額面の半額で交換できる。これは意図的に札を破ったうえで交換することをできなくするためである。

また、お札の表、裏の両面が揃っていることも条件となっている。なぜなら日本のお札は表裏をはがすことが可能だからである。

ただし、破損した紙幣は取り扱い金融機関ですぐに交換してもらえるわけではなく、日本銀行に依頼して鑑定してもらう必要がある。そのため交換されるまでは2〜3週間かかることもある。

やはりお札は取り扱いを大事にして、なるべく破くようなことをせずに使ったほうがいいということである。

コンセントの穴、右と左の大きさが違うのはなぜ？

海外出張が多いサラリーマン必携のアイテムといえば電源用の変換プラグ。電圧やコンセントの形状が異なる外国では、これがなければ日本の電化製品は使えない。

そこで改めて日本のコンセントを見てみると、当然穴はふたつある。ではなぜ、ふたつなのかご存じだろうか。

よく観察するとわかるが、このふたつの穴は大きさが微妙に異なっている。左が9ミリメートル、右が7ミリメートルと、左の穴のほうがほんの少し長いのだ。

そもそも電気は発電所で生まれ、送電線を通って家庭のコンセントまで運ばれてくる。

日本ではひとつのコンセントから使える電気の容量は1500ワットまで。それ以上、使いたければ電気工事でコンセントを増やさなくてはならない。もちろん、たこ足配線が危険なのはいうまでもない。

コンセントの穴がふたつあるのは、一方が電気を出すためのもの（ホット）で、一方が帰すためのもの（コールド）だからだ。

左の長い穴は帰り道で、大地（アース）につながっているため「アース」と呼ばれることもある。アースは家庭用に間違って高圧電流が流れてしまった場合に大地へ逃す働きをしている（洗濯機や冷蔵庫の漏電防止のアースとは異なる)。

では、プラグを挿入する時はどちらにどう挿せばいいのかといえば、通常は意識をしなくていい。

ＡＶ機器ではアース側に白い線が印刷されている場合もあり、正しく挿入すればノイズがアースに逃げて音質がよくなるともいわれているが、それ以外の製品はどのように挿しても性能に影響はないだろう。

ちなみに、日本のようにコンセントの形が国内で統一されている国は世界的には少数派でしかない。

多くの国が、同じ国内でもふたつ穴だったり、三つ穴だったり規格がバラバラだという。

旅行者ならともかく、同じ国内で変換プラグが必要というのは、我々からすればなんとも不便な気がするのだが…。

カーナビのハンディ版があるって本当?

世の中にはさまざまな略称があふれているが、「ＧＰＳ」という言葉は知っている人も多いだろう。正しくはグローバル・ポジショニング・システム、つまり「全地球測位システム」のことである。

これは人工衛星を利用して、自分が今いる位置を正確に割り出してくれるもので、もともとは軍用目的で開発された。今となっては携帯電話やカーナビなどの位置情報に欠かせない存在だが、近頃ではハンディＧＰＳ、すなわち持ち歩きできるＧＰＳが人気を博している。

携帯電話のＧＰＳとの決定的な違いは、自

力でGPS電波を捉えられるということ。さらに携帯電話には「圏外」があるが、ハンディGPSなら地球上どこにいても情報が得られるのが最大のメリットである。

したがって活躍の場は幅広い。近所の店探しから、土地勘のない海外旅行はもちろん、森の中、海の上、砂漠の真ん中まで、その可能性は無限だ。

しかも、ハンディGPSはレコーダーとしての役割も兼ね備えている。たとえば自転車やバイクでツーリングをしていた場合、どの位置をいつ、どのくらいの速度で通過したかが記録できるのである。

特におすすめなのが登山で、山登りのナビゲーターとしてこれほど心強いものはない。関係者のあいだではハンディGPSの登場で、遭難者がぐっと減るのではないかと期待がよせられている。

唯一の弱点はトンネルや地下室といった地面のなかだ。衛星からの電波を受信するため、一部の機種を除いてはまだまだこうした場所での利用には制限がある。

いずれにせよ、日頃から野性の勘しか信じないという人は別として、アウトドア派ならひとつ持っていて損はないツール。今後はさらなる普及が見込まれそうだ。

テレビだけじゃない〝地デジ〟ラジオのすごい性能とは？

〝地デジ〟が地上デジタル放送の略称なのはご存じの通り。

2011年7月に現在のアナログ放送が終了し、テレビはすべてデジタルに切り替わる。

地デジ対応のテレビがＣＭで頻繁に流されていることもあってか、地デジの本格スタートを今から心待ちにしている人も少なくないにちがいない。

ところで、このデジタル放送でテレビの陰に隠れてしまっているのがラジオだ。じつはラジオ放送も同時にデジタル化されるのだが、テレビと違いこれまでのＡＭやＦＭ放送はなくならないため、一般の関心が今ひとつ高くないという。

しかし、このデジタルラジオは知らないと損をしかねないほどのスグレものなのだ。というのは、まず音質がＣＤ並みに抜群に優れている。さらにデジタルなので、放送を聴きながら文字や写真なども受信可能なのである。

つまり、ラジオから流れるラップミュージックを口ずさみながら、その曲に関する情報をプリントアウトして読んだり、あるいは音楽を聴きながらニュースや天気予報をチェックしたりすることもできるのだ。

ちなみに、東京では本格的な実用化を4年後に控えてすでに4チャンネルの放送が始まっている。これは専用のチューナーを内蔵した携帯電話や、ＵＳＢ型チューナーを接続したパソコンがあればすぐに聴けるので、一度試聴してみたらいかがだろうか。

「ユニバーサルデザイン」ってどんなデザイン？

缶ビールの横に点字表示してあるのを見かけた人もいるだろう。なぜ？　と思うかもしれないが、最近はこのようにちょっとした気遣いが行き届いたデザインが増えている。

このようなデザインをユニバーサルデザインという。

ユニバーサルというと、宇宙をイメージした、SFチックなデザインを思い浮かべてしまう人もいるかもしれないが、ここで使われるユニバーサルとは普遍的な、万人の、という意味であり、「すべての人のためのデザイン」という意味になる。

このデザインの提唱者はアメリカのノースカロライナ州立大学のロナルド・メイス氏で、できるだけ多くの人に使いやすさを提供し、たとえ高齢者や障害を持つ人であっても難なく利用できることを主旨として発案されたものなのだ。

ユニバーサルデザインにはいくつかの原則がある。要約すると、誰でも使え、使い方も簡単であり、少ない力で楽に使えることなどが挙げられる。

よく見かけるものとしては、触っただけでリンスと区別できるシャンプー容器のギザギザ、ノンステップバス、各カード類の切り込み、多機能トイレなどがある。

今では、「高齢者用」「障害者用」のバリアフリー商品（行動の妨げを取り除いた商品）もあるが、これらのなかにもユニバーサルデザイン的要素が加味されているのだ。

無制限に音楽が聴ける サブスクリプションサービスって？

ひと昔前、「ウォークマン」という携帯用カセットデッキが流行った。それ以来、音楽を聞きながら通勤したり散歩したりする人が増え、今や音楽は手軽にどこでも聞けるような時代になった。

最近では、そんな人たちのために便利なサービスが普及し始めている。

サブスクリプションサービスといって、音楽配信を雑誌などと同じように定期購読して楽しむサービスである。定期的に使用料を払うことにより、登録されている曲を無制限に聴くことができるのだ。

パソコンが普及し、音楽もネットでファイルとして購入される時代になり、1曲いくらというよりも、一定期間、定額を払えばいくらでも音楽がダウンロードして聞けるのだから お得といえばお得なサービスである。

2005年にタワーレコードと合併の形で日本進出を開始した米国のナップスターは今まで本国アメリカをはじめ、イギリス、カナダ、ドイツにも進出しているが、日本のように現地企業のタワーレコードと合併することははじめてのこと。

そのナップスター・ジャパンではなんと、150万曲の音楽が1カ月定額で聞き放題できるサービスを始めたのだ。日本には携帯電話の着メロ、着歌サービスの利用者が多いが、ナップスターではパソコンから取り入れた音楽データを対応携帯に転送することも可能なので、今後の躍進が注目される。

サブスクリプションサービスは、これからデジタル音楽のビジネスモデルとして発展することは間違いなさそうだ。

コピー用紙にはなぜA版とB版があるの？

オフィスでコピーやFAXを使う時に、用

紙のサイズを間違えたりして困った人もいるかもしれない。

この紙のサイズだが、いったいどのようにして決められたのか詳しく知っている人は意外と少ないだろう。

今のところ、日本で最も使われるのがA４サイズで、その他にA３、A５、B４、B５などがあるが、そもそもAとBの違いはどこにあるのだろうか？

まずA版だが、これは日本の規格ではなく、ドイツの工業規格院のサイズが元で、ドイツの物理学者でノーベル賞もとったオズワルドという人が考案したものである。

A版は基本をA０（日本ではA全と呼び８４１×１１８９ミリ）として、それを半分に折ったサイズをA１、またその半分に折ったものをA２というように、半分に折っていくごとにサイズの数字が増えていくように決められている。

辺の縦と横の長さの比率は１：$\sqrt{2}$で、この比率の長方形のことをルート長方形といい、半分に折っても辺の比率は変わらない。

一方、B版だが、これは日本で考案された規格で、江戸時代に徳川家御用達であった公用紙、美濃紙のサイズが元になっている。

B０（B全）版は１０３０×１４５６ミリが基本となり、それを半分に折るとB１、その半分がB２となり、A版と仕組みは同じで、辺の比率も１：$\sqrt{2}$になっている。

しかし、このB版のほうは日本独自の規格サイズなので日本だけで使われ、外国には存在しない。海外でB４やB５のサイズがないからといってくれぐれもクレームなどをつけないように。

車のエアバッグが一瞬でふくらむのはなぜ？

クルマの安全装備にはいろいろあるが、いまや欠かせない装備のひとつがエアバッグだ。

エアバッグは車両衝突時に、前面や側面から大きなバルーンが膨らんで運転手や助手席の人間を守るというものだが、実際これが開発されたお陰で、本来なら命を落としてもおかしくないような大事故で、九死に一生を得たドライバーはたくさんいる。

とはいえ事故でも起こさない限り、エアバッグの作動状態を実際に目撃することはほとんどない。たまにメーカーが行う衝突実験などをテレビで見るくらいだろう。

エアバッグは衝撃センサー、バッグを膨らませるインフレーター、そしてコントロールユニットで構成されている。

衝突を感知するとセンサーが信号を出し、コントロールユニットを経由してインフレーターのガス発生装置が点火し、発生したガスが瞬時にバッグを膨らませる仕組みになっている。

その一連の動作にかかる時間は、衝突時から数えてわずか0・2秒以内。瞬きしている間にすべてが終わるという、驚きのスピードだ。

衝突時には、それによってクルマの速度がゼロになっても、慣性の法則によって車体が前に向かおうとする「減速G」という重力が働くのである。

エアバッグのセンサーが感知するのはじつはこの重力で、衝突した瞬間からクルマはエアバッグを作動させるかどうかの分析に入り、分析終了後の０・０５秒後にはエアバッグ作動のシステムがスタート、その０・０３秒後にはエアバッグが膨らみきるようになっているのである。

エアバッグそのものはナイロンで出来たバルーンだが、柔らかいクッションなどとは異なり、それなりに堅さがある。

そのため膨張したエアバッグによって顔に擦り傷や打撲を受けることもあるが、それでもエアバッグがあるのとないのとでは事故時のダメージは雲泥の差だ。ただし、絶対に忘れてはならないのは、エアバッグはあくまでシートベルトの補助装置であるということ。

いくらエアバッグが開いてもシートベルトを締めていなければ、その本来の効果は発揮できないということも覚えておきたい。

フライト中にアルコールを飲むとエコノミー症候群になりやすい？

ここ数年、国際線の飛行機内で少々異変が見られるという。

以前なら、機内での飲食は〝機内サービス〟として無料で提供されていたが、このところの原油価格の高騰の影響でアルコール類を有料化する航空会社が出てきたのだ。酒好きにとっては旅の楽しみをひとつ奪われた気分だろう。

しかし、フライト中にアルコールを摂取するのは、じつはとても危険な行為。酔っ払って他人に迷惑をかけるのも危険だが、本人も脱水症状を引き起こして死に至りかねないのだ。

それでなくても機内は乾燥していて、長時間のフライトになると湿度は20パーセントにまで下がる。座っているだけで、体内から1時間に80ccくらいの水分が奪われていくのだ。そんな環境のなかで、ビールなど利尿作用の高いアルコール飲料を大量に飲むと、もう体の中はカラカラ状態だ。

飲んでいる本人は水分を摂っているつもりかもしれないが、トイレに行くたびに飲んだ量以上の水分が出ている。そのまま水などを飲まずにいると、しだいに喉の渇きだけでなく、頭痛やめまいを引き起こす。

さらに、水分が減るとドロドロになった血液で血管がつまり、脳梗塞や心筋梗塞なども引き起こしかねない。最悪の場合「死」が待っているのだ。

イギリス人女性が長時間フライトの後、空港で死亡したことで話題になった「エコノミークラス症候群」も、水分不足で血液中に血栓という血の塊ができたことが原因。狭いシートにじっと座っていると、足の静脈の血流が悪くなって、塊ができやすくなるのだ。

彼女がお酒を飲んでいたかどうかは定かではないが、長時間のフライトというのは普通にしていてもリスクは大きい。

いくらタダ酒だからといって、やたらと飲むのはスマートではない。それに命まで落としてしまっては元も子もないと肝に銘じたい。

真珠の世界公式単位「匁」ってどのくらいの重さ？

日本で古くから使われてきた長さの「尺《しゃく》」、重さの「貫《かん》」に代表される尺貫法の単位は、今日ではほとんど耳にしなくなってしまった。

ほぼ唯一の例外が不動産の「坪」だが、これもじつは正式には認められておらず、正式な契約書などには平方メートル単位で記されている。

ところが、真珠の取引の場面に限っては日本古来の尺貫法に由来する「匁《もんめ》」が公式に使われている。いったいこの匁という単位はどのくらいの重さで、なぜ現代でも使われているのだろうか。

今では1匁は3・75グラムと決められているのだが、これはちょうど現在の五円玉の重さに等しい。

じつはこの匁という単位にこの文字が使われるようになったのは明治に入ってからで、それまでは「文目」と書かれていた。

これはその名のとおり一文銭の重さに等しかったためだが、明治時代になって「匁」の字が当てられるようになったのだ。

匁の千倍が「貫」で、3・75キログラムに当たるので「百貫デブ」と言ったら375キログラム、相撲取りも真っ青の巨体ということになる。

このように古めかしさを感じさせる「匁」が真珠の取引で国際的に使われているのは、真珠の養殖を世界で初めて実用化したのが日本だったからだ。

この場合はアルファベットで「momme」と綴られ、略号として「mom」が使われているが、日本の計量法上はひらがなで「もんめ」と記すのが正しいとされている。

ちなみに、真珠の取引では匁のほかにグラム、カラット（200ミリグラム）やグレーン（50ミリグラム）も用いられている。国際舞台で活躍する「匁」は日本産真珠の優秀さの象徴でもあるのだ。

日曜日は休日なのに なぜ週始めとされるのか？

年末が近くなると、文具店や書店には来年のカレンダーや手帳が所狭しと並びだす。その光景を見るにつけ「ああ、年末が近づいているな」と思うものだが、ここで疑問がひとつ。1週間の始まりは果たして何曜日が正解なのだろうか？

というのもカレンダーや手帳はモノによって日曜始まり、月曜始まりの2種に分かれる。手帳はともかく、カレンダーは日曜始まりが圧倒的だ。

しかし、会社や学校は土日の休みが多いせいか、週末といえば「土日」をさすのが一般的。つまり本来、日曜日は週始めではなく週の終わりではないのだろうか。

暦には宗教が大きく関わってくる。『旧約聖書』によれば神は世界を6日間で創造し、7日目に休息をとったとある。それは現在では土曜日にあたるため、ユダヤ教では日曜から金曜までが稼働日で土曜日が安息日となる。つまり、日曜日は週始めになる。

キリスト教も週の始まりは日曜日とされている。この日はキリストの復活を祝う日で仕事を休んで祈りを捧げるため、それが広まって「日曜日＝休日」という習慣が増えたといわれている。

ちなみにイスラム教では金曜日が安息日なので、週の始まりは土曜日という意識だ。

ようするに、何曜日を始まりにするかは宗

教的な背景が強いが、日本においては世界の大多数を占める「日曜始まり」が王道のようだ。

手帳などに月曜始まりのものがあるのは、いうまでもなく土日が休みのビジネスマンの使い易さを考慮しただけで、土日＝週末の概念も、「平日働いて（学校へ行って）土日に休んで1週間が終わる」という社会全体の行動パターンが生み出したものだ。

というわけで世界的には日曜始めが多数派を占める。ただし、宗教や地域によってはその限りではないというのが正解なのである。

最近流行の「加圧トレーニング」ってどんなの？

最近、お腹のまわりのぜい肉が気になる、運動不足で筋力が落ちたなどと嘆いている人が増えているが、そんな〝メタボリックぎみ〟の人たちのとっての朗報といえるトレーニング法がある。

このトレーニング法は「加圧トレーニング」といって、通常の筋トレと違って手足の付け根をゴムなどで締め付けて、血流を制限したうえでダンベルなどを上げ下げして筋力を鍛える方法である。

この場合、重いバーベルを使ってトレーニングするのと同等の効果が得られ、軽い負荷のダンベルを使うだけで済む。

血流が制限されると、本来は過激な運動時にしか使われない速筋線維が使われるため、短時間かつ低負荷で筋力がアップするのだ。

このトレーニング法は「アンチ・エイジング」、つまり老化防止にも効果があるといわれている。加圧トレーニングをすると安静時の100倍もの成長ホルモンが分泌されるからだ。

成長ホルモンは通常17歳から25歳くらいまで脳の下垂体前葉から分泌され、30歳くらいからほとんど出なくなる。

しかし、筋肉を加圧することで血中の乳酸値が高くなり、筋肉内にあるレセプター（受容体）という部分を刺激して脳内から大量の成長ホルモンが分泌されるのだ。

成長ホルモンが多量に分泌されると老化防止につながり、運動能力や免疫力もアップする。そのほかにも、脂肪の減少や骨密度の上昇も促進されるなどメリットも多い。

最近、少々運動不足気味の人は、加圧トレーニングをすればいつまでも若々しい体を保つことができるかもしれない。

疲れている時はオレンジジュースが効くって本当？

寒くなると風邪をひく人が増えるが、風邪というものは気温の寒暖によって引き起こされるわけではなく、ウイルスが原因で発症する。

ようするに、冬場は空気が乾燥することで人間の粘膜も乾燥し、ウイルスが付着しやすくなるから風邪をひくのである。

風邪のウイルスは主に上気道の粘膜に付着することで引き起こされるが、この粘膜を丈夫にする働きがある栄養素がビタミンＣである。ビタミンＣは肌に潤いを与え、粘膜を強化し、特に全身の倦怠感や疲労回復にも大きな効果がある。

最もよいのはオレンジをジューサーなどで絞って果汁のみのジュースを作ることだが、そんな手間はかけられないという人は、手頃に補給するには市販の１００パーセントのオレンジジュースで代用するしかない。

成人の１日当たりのビタミンＣの栄養所要量は約１００ミリグラムだが、市販の１００パーセントオレンジジュースには、１００グラム中、約35ミリグラムほど含まれている。理想としては１日３００グラムほど飲めば十分なのである。

また、同じくビタミンＡもビタミンＣと同様に粘膜を強くし、疲労回復や病気への抵抗力を高める働きがある。ほかにも、目の疲れや乾燥を防ぐ効果がある。

これらビタミンＣやビタミンＡを効率よく摂取するには、オレンジジュースやトマトジュース、ニンジンジュースなどを混ぜて飲むと、より一層効果を増す。

ただし、加工品のミックスジュースの場合には、食物繊維が除去されていることが多いので、なるべくなら手で絞ったものを作って飲むのがおすすめだ。

なぜ〝おやじ臭〟は中高年男性に特有なの？

女の子は大きくなってくると、しだいに父親を気嫌いするようになる傾向がある。その理由のひとつが「臭いから」。

なんとも理不尽な理由だけに、世のお父さんたちはさぞやり場のない悲しみに打ちのめされていることだろうが、実際問題そんなおじさんたちに特有のニオイがあるのは否定できない。

満員電車で中高年の男性に近づくと、同性でも思わず「ウッ」と鼻をつまみたくなることがままあるからだ。

このニオイは「加齢臭」と呼ばれるもので、原因物質は科学的に「ノネナール」であることが判明している。ノネナールとは、汗腺近くの皮脂腺から出る脂肪酸が酸化したり発酵したりしてできる、不飽和アルデヒドのこと。

よくわからないかもしれないが「酸化」「発酵」というだけで、よからぬニオイを発していることは想像できるだろう。

これがなぜおじさん特有なのかというと、まずは中高年男性の皮脂には30代までの若者にはない、ある種の脂肪酸が増加する。

そして年齢が高くなるにつれ、酸化に対する抑制力が少なくなり、ノネナールの発生が頻繁に起こる。しかも、男性ホルモンが大きく影響しているため、同じ中高年でも女性より男性のほうに多く表れるというわけだ。

なかには「このニオイで安心する」などという若い女性も稀にいるが、それはおじいちゃんに育てられてこのニオイに慣れているというような、いわばレアケースだ。

汗と古い油が混ざったような鼻につんとくるニオイは、一般的にはまず敬遠されると思ったほうがいい。

特に、マメに下着やワイシャツを取り替えないような不潔なおじさんたちはてきめんである。最近はこうしたニオイを防ぐシャンプーやガムも発売されているが、清潔にしなければ焼け石に水だ。

早ければ40手前で症状が表れるので、気になる人は早めに手を打ったほうがいいだろう。

常識その九

教養

「般若心経」にはいったい
どんなことが書かれてある？

明治、昭和、平成…日本に元号があるのはなぜ？

「私はギリギリ昭和生まれで、平成ではありません」ということを外国人に伝えても、あまり通じないのは当然だ。なぜなら元号は日本でしか使っていないからだ。

日本では「昭和ひとケタ生まれ」「大正ロマン」などと、元号をアレンジした言葉がよく使われるが、これは日本固有の文化である。

元号というものはもともと中国の文化なので、古代中国での皇帝が代わる時や、めでたい出来事（祥瑞《しょうずい》）があった時に元号を代えるという習慣から由来している。

日本ではじめて元号が使われたのは大化改新（６４５年）の時である。蘇我氏の専横《せんおう》を誅《ちゅう》して孝徳天皇が即位した時に「大化」という元号が用いられたことに始まる。

しかし、なぜかその後に元号が途絶え、再び使われるようになったのは文武天皇の御代（７０１年）に「大宝」という元号が使われ、この際、大宝律令により国で扱う公文書にはかならず元号をつけることが義務づけられてからだ。

大宝から平成まで歴代天皇は84代だが、元号は２００以上ある。数が合わない理由は中国の「讖緯説《しんいせつ》」の影響によるものだ。中国では干支の辛酉《しんゆう》と甲子《かっし》の年は改元しないと災いが生じるという説があり、60年に１回は改元していたのだ。

他に、「災異改元」というものがあり、これは、天災や戦争などが起きると災いを一新するために改元が行われていたのである。

しかし、このような改元は明治元年（1868年）に一世一元の制により廃止され、それ以後は、天皇一代の治世はひとつの元号で通すことになった。

北海道にはなぜ「別」という字のつく地名が多い？

北海道には本州と違って変わった呼び方をする地名が多いが、これらはもともとアイヌ語がルーツの地名なのである。

そのなかでも登別《のぼりべつ》、紋別《もんべつ》、芦別《あしべつ》のように「別」という字のつく地名が多い。別はアイヌ語で「大きな川」を意味し、「ペツ」と発音する。

アイヌ語だと登別は「水の色の濃い川」、紋別は「静かな川」、芦別は「樹木の中を流れる川」という意味になる。

たとえば札幌も、もともとは「札幌別」（芦原の大きな川）と呼ばれていたが、別がとられて札幌《さっぽろ》になり、長万《おしゃまん》部《べ》も、もとはといえば「長万別」（尻が横になっている川）という意味だったものが、別が部に変化したものだという。

また、稚内《わっかない》や苫《とま》小《こ》牧《まい》のようにナイやマイと発音する地名の、ナイやマイも「小さな川や沢」を表わす言葉なのだ。

ところでなぜ北海道にはアイヌ語の「川」に関係する地名が多いのかというと、これはアイヌの人たちの生活の基盤が川を中心としたものだったからだ。

彼らにとって川とは鮭など重要な食糧が獲れる場所であり、なおかつ交通の要所でもあったことからとても重要視していたのだ。

アイヌ文化というと北海道を限定の文化と考えがちだが、アイヌ語研究の第一人者・金田一京助博士も、福島県辺りまではアイヌ文化圏であったと述べている。

たしかに、青森や岩手には、地名のなかにアイヌ語と思われる「内」や「別」という字がつく場所が目立つ。

山形県にも庄内《しょうない》平野があるが、アイヌ語で滝のことを「ショウ」または「ショー」と発音し、庄内とは「滝のある川」という意味になる。

また、青森の「ねぶた祭り」の「ねぶた」もアイヌ語の「ネプタ」が起源という説もあり、「ネプタ」はアイヌ語で「なんだアレは」という意味になるという。たしかに、誰でも初めてねぶたを見たら、そういってもおかしくはないだろう。

ことわざ「清水の舞台から飛び下りる」の由来とは？

誰でも修学旅行で一度は訪れる京都の清水寺。西国三十三カ所めぐりのひとつにも入っていて、いつも観光客で賑わっている。

よく「清水の舞台から飛び下りる」というフレーズが使われることがあるが、その意味は、「強い決意をして思い切って物事に取り組む時の気持ち」を表している。

清水寺は宝亀9年（778年）に、延鎮《えんちん》上人が夢の中でこの地に寺を建てよとお告げを受けて建立したといわれ、征夷大将軍坂上田村麻呂も十一面観音を安置し、崇敬していた由緒ある寺である。

その清水寺の舞台は、断崖の上に、高さ13

メートル、通称、「地獄止め」といわれる139本の組木が縦横に組み合わされた構造で建てられている。

　そして、先述した有名なフレーズ通り、本当にこの舞台から飛び下りた人は少なくないのだ。

　『宇治拾遺物語』に、一番初めに飛び下りた人のことが記されている。検非遺使《けびいし》という今でいう警察官が見回りの時、数人の若い無頼の者と遭遇し、多勢に無勢で追いつめられた際にこの舞台から飛び下り、難を逃れたという。

　これがきっかけとなったかどうかわからないが、江戸時代には、この舞台から命をかけて飛び下りると願いが叶う、という一種の庶民信仰のようなものが流行った。

　『成就院日記』にはなんと未遂も含めて23

4人も飛び下りた人がいたと書かれているくらいだ。ただし、明治5（1872）年に政府によって飛び下り禁止令が出され、以来、飛び下りは激減した。

ちなみに飛び下りた際に死亡する人は15パーセントくらいの確率だそうで、いくら願いが叶うからといっても、かなりリスクのある願掛けだったことはたしかなようだ。

スイスの正式名称は「ヘルベチア連邦」だって本当？

スイスは永世中立国として有名だが、スイスの正式名称は？　と聞かれたら「スイスランド（Switzerland）」と答えてしまう人も多いかもしれない。

これは別に間違いではなく、現にオリンピックではスイスランドと命名されている。しかし、スイスでは自国の正式名称を「ヘルベチア連邦（Confoederatio Helvetica）」としているのだ。

ヘルベチアとは、紀元前5世紀頃にスイス周辺にいたケルト系民族のヘルベチア人のことであり、かつてはゲルマン人と同じくらい勢力を保っていた民族だ。

スイスの通貨や切手、車のナンバーにもこのヘルベチアという名称が使われているが、この言葉、ラテン語なのである。

なぜ、ラテン語が使われているのかというと、スイスという国は面積が狭いにもかかわらず、公用語にドイツ語、イタリア語、フランス語、ロマンシュ語という4つの言語が使われていることにある。

スイスという国は隣接した国々のそれぞれ

異なる言語を使う民族が集まってできた国で、北部と中部はドイツ語圏、西部はフランス語圏、南部にはイタリア語圏、その他にロマンシュ語を話す人が1パーセントほどいる。

したがって、そのうちどれかひとつを公用語に使うと角が立ってしまうことから、どの言語にも属さない、ラテン語が使われるようになったのだ。

このように他国の文化を包摂《ほうせつ》する国でありながら、スイスという国は政治的にはさほど争いがエスカレートする場面が見られないのが特徴だ。

スイスは世界中でもめずらしい国民選挙による立法の制定システム（国民投票で重要法案や大統領などを決める）であるにもかかわらず、もめ事が少ないという。よほどバランス感覚にすぐれた国民性なのである。

5月1日がメーデーと呼ばれるようになった訳とは？

メーデーといえば、毎年5月1日に東京の代々木公園で労働組合団体が集会を開くのが通例だが、日本で初めてメーデーが行われたのは大正9（1920）年で、場所は上野公園だった。

第二次大戦時中は官憲の弾圧が厳しく一時中断していたが、昭和20（1945）年に再び開催され、それ以来現在まで続いている。

しかし、なぜ5月1日が労働者の祭典になったのか疑問を持つ人もいるだろう。

もともとメーデーは1886年にアメリカの労働者たちが全国でストライキを起こし、労働時間の短縮（8時間労働）を勝ち得たことを記念して始まった。

3年後にパリで労働者のためのインターナショナル大会が行われ、この時に5月1日を世界の労働者の祭日と決められたのである。

しかし、5月1日に行われるメーデーと呼ばれる祭典は、本来イギリスで行われていたまったく違う意味のものでもあった。

イギリスでは古くから、5月祭という春の到来を祝い、無病息災や豊穣を祈願する祭りがあり、それをメーデーと呼んでいたのだ。

この祭りの前夜には若い男女が森の中で朝まで過ごし、森の中で作ってきた花輪を供え物にするというロマンチックな風習があったが、ピューリタンの批判を厳しく受けて以来しだいに消滅。現在では子供たちが主役となってメイポールと呼ばれる柱の周りで踊ったりする祭りになっている。

大人たちもモリスダンスという一種の仮装舞踏会を行い、鈴をつけたブレスレットやアンクレットを鳴らしながら踊り、春を祝うという。

メーデーは祭典ということでは一緒だが、イギリスではかなり内容の違うものだったのである。

天気予報でよく聞くエルニーニョとラニーニャの違いって何?

近頃、天気予報で「エルニーニョ」または「ラニーニャ」という言葉を聞くことが増えている。

簡単にいえばどちらも異常気象を引き起こす要因となる海面現象のことをさすのだが、エルニーニョはスペイン語で「男の子」または「神の子（幼いキリスト）」、ラニーニャは「女の子」という意味になる。

エルニーニョの海面現象とは、数年に一度、東太平洋ペルー沖の赤道海域で海水面の温度が平均より2度から5度上昇することが、一年以上続くことをさす。

それとは反対に、同じ地域で海面の温度が例年より低い状態が続くことをラニーニャ現象というのである。

なぜ、このような現象が起きるのかというと、赤道上に吹く風が大きく影響しているからだ。

赤道上に吹く風は貿易風といわれ、通常東から西に吹く。この東風が弱い場合、西に吹き流れる暖かい海水が東に戻って、太平洋の東の海域で広範囲にわたり海水温が上昇するのだ。

ラニーニャでは反対に東風が強く吹くことで大きく海水が西に移動し、その結果、暖水層が非常に薄くなり海面温度が下がるというわけだ。

このような海面現象は気象状況にも大きな影響を与え、その影響が大きければ異常気象まで引き起こすことになる。

エルニーニョの場合は西太平洋海域の海水の蒸発量が少なくなるので、過去にもオセアニア地域では大干ばつが起き、東南アジアやインド、西アフリカなどでは異常に気温が上がったこともある。

気象状況によっては、食糧生産も大きく左右されることになるので、エルニーニョ、ラニーニャともやはり軽視できないことは事実なのだ。

ちなみに日本では、エルニーニョの場合に

は例年より高温多湿になり、ラニーニャの場合は12月から2月の冬の期間は例年になく気温が下がるといわれている。

なぜ「6月の花嫁」が幸せになると言われているの？

地味婚、派手婚、できちゃった婚――。日本の結婚事情は時代とともに移り変わっていくが、いつの世の女性も変わらず憧れを抱くのが6月の花嫁だ。いわゆる「ジューンブライド」というやつである。

「6月の花嫁は幸せになれる」というが、いったいいつからこんなジンクスが伝わったのだろうか。辿っていくと、そのルーツはやはりヨーロッパのようである。

まず、6月を表すＪｕｎｅという単語だが、これはローマ神話で結婚の守護神であるジューノ（あるいはユノーともいう。ギリシャ神話ではヘラ）に由来しているため、それにあやかり6月は祝福の月であるというのが、ひとつ目の理由だ。

次に、昔ヨーロッパでは農作業に忙しい3～5月の結婚は禁止されていたため、6月を待って結婚式を挙げた。周囲の祝福も多く、挙式にふさわしいシーズンだというのが、ふたつ目の理由である。

さらに、ヨーロッパではこの時期、晴天率がもっとも高いというのが、3つ目の理由だ。

しかし、日本で6月といえば梅雨シーズンに突入する頃。せっかくのウェディングドレスも雨に濡れてしまい、お世辞にも最適とはいえない気がする。が、じつはこれは閑散期の需要を拡大しようとしたブライダル業界の仕掛けなのだ。

じめじめした季節にガクッと落ちる6月に、なんとか客を集めようと、ヨーロッパの古い習慣を探し出してきて、ＰＲしたのが始まりなのだ。

まあ、6月に結婚しても別れるカップルはいるし、迷信といえば迷信にすぎない。だが「結婚」に夢を抱く未婚女性が、この手の言葉に憧れるのもわからないではない。

「そんなのどっちだっていいじゃない」などと一蹴すると、猛反発を食らうかもしれないのでくれぐれもご注意を。

日本最古の本『古事記』ってどんな内容？

戦前まで、小学校で使う歴史の教科書には日本の神話が書かれていたことを知っているだろうか。なんと子供たちは、日本は神代の時代から続く国であり、天から神様が降りてきて国を造ったのだ、というように教えられていたのである。

戦後、そのような部分は一切削除されたのはいうまでもないが、この日本神話の原典ともいわれているのが日本最古の書物『古事記』である。

『古事記』は、和銅5（712）年に天皇の命を受けた太安万侶《おおのやすまろ》が稗田阿礼《ひだのあれ》という人の口誦《こうしょう》（口伝）を基に編纂したもので、つまり、大昔から代々語り伝えられた話を集めた書物なのである。

戦前までは、皇室の祖先のことが記載されていることから、単なる歴史書としてではなく神典としても扱われていた。

『古事記』は全三巻構成になっており、第一巻にはイザナギとイザナミの国生み神話をはじめ、スサノオのヤマタノオロチ退治の話やオオクニヌシと因幡の白兎の出雲神話、その他、天の岩戸神話、天孫降臨神話など、数多くの日本の神話が網羅されており、物語として楽しめる内容になっている。

　第二巻と第三巻は、神話ではなく、初代神武天皇から三三代推古天皇までの事歴について詳しく書かれている。

『古事記』が編纂されてから8年後の養老4（720）年には『日本書紀』も編纂されたが、こちらの方は、中国の史書と同じように年月日も詳細に書かれており、古事記に比べると史実性が高いという評価もある。

　この『古事記』と『日本書紀』は合わせて『記紀《きき》』と呼ばれ、日本古代の歴史を研究するうえで欠かすことができない資料としても認められているのだ。

　今では現代語訳版なども出ていて、より一層、読みやすくなっている。日本人としてのアイデンティティーを探るうえでも一度は読んでみるのもいいだろう。

「般若心経」にはいったいどんなことが書かれてある？

日本で、もっともポピュラーなお経といえば『般若心経』だろう。この経は一説によると、『大般若経』という、全600巻もある経典を集約したものといわれている。

　最近ではお経を書き写す写経も静かなブームだが、般若心経は全部で262文字という短かさゆえ、書き写すのも楽なことから人気の的になっているのだ。

では、般若心経にはいったい何が書かれているのだろうか?

般若心経は正式には「摩訶般若波羅密多心《まかはんにゃはらみったしん》経《ぎょう》」といい、簡潔にいえば「仏の智慧《ちえ》の真髄」を説いたお経である。仏の智慧を完成させると「彼岸に至る」ということから、「彼岸に至る」ために唱える経という意味にもなる。

ここでいう彼岸は、死後の世界をさしているのではなく「悟りの境地」という意味である。

悟りの世界に至るには仏教では6つの修行が必要とされるが、それらは六波羅密《ろくはらみつ》といって、布施《ふせ》、持戒《じかい》、忍辱《にんにく》、精進《しょうじん》、禅定《ぜんじょう》、智慧となる。それらの重要性も般若心経のなかに含まれている。

また、「色即是空《しきそくぜくう》、空即是色《くうそくぜしき》」という有名な言葉も般若心経のなかに含まれており、これは、一切の存在は空であり、空が存在すべてをあらわす、という深遠な仏の智慧なのだ。

ただし、般若心経を唱えたり、書き写したりするだけで悟りの境地に至るとは一切書かれていないことをお忘れなく。

和歌、俳句、川柳の違いって いったい何?

和歌や俳句というと、今では一部のマニアを除いてたしなむことは少なくなった感があるが、歌を詠むことは日本では昔から一種の娯楽として親しまれてきたものなのだ。和歌も平安貴族たちだけの趣味ではなく、庶民の間でも流行っていた。

有名な『万葉集』には貴族たちが詠んだ歌

が集められていることで有名だが、約3分の1は詠み人知らずとなっているのだ。

有名な歌人、柿本人麻呂でさえ生没年月日すら不詳で、貴族にしても身分はかなり低かったと考えられており、詠われている内容も恋愛の歌が圧倒的に多い。現代のラブソングと同じような扱いをされていたのだ。

さて、和歌には和歌の神様がいるのを知っているだろうか。「和歌三神」と呼ばれ、住吉大神と柿本人麻呂と玉津島明神のことを表わす。

このうち玉津島明神は女神である。男尊女卑の気風が強かった時代とはいえ、女性でも歌を詠むことは禁じられていなかったのである。

その和歌も時代が変わるとともに、短縮化されていく。和歌は31文字で構成されることが定型だったが、それが時代とともに五・七・五調の俳句や川柳という形に転化していったのだ。

川柳にいたっては、より庶民的な傾向が強くなり、内容的にもかなり風刺の効いた、ユーモア要素が増えていった。

日本の伝統芸能「能」と「狂言」いったいどこが違う？

能や狂言は中世から続く日本の伝統芸能だが、若い人たちからは話している言葉がわかりにくい、内容がよく理解できないなどといわれる。

たしかに両者とも独特の表現方法を用いて演じられるため、慣れていないと深く内容まで理解できないことが多い。

能や狂言はもともと「猿楽」という平安時代に生まれた滑稽な物真似や言葉芸がルーツであり、鎌倉時代に入ってより演劇化して完成されたものだ。

能と狂言の違いは、その表現方法にある。能の表現方法は文語体の候調《そうろうちょう》で台本通りに展開されるが、狂言の場合は会話調が主体で「～でござる」という表現方法が基本となっている。

「ござる」は、室町時代に庶民の間で普通に使われていた口語体の表現なのである。

演じられる内容も、能と狂言では違いがある。能は、『源氏物語』にでてくる人物や高名な武将など歴史上の重要な物語を題材にされたものが多く、どちらかというと悲劇的要素が強くなっている。

狂言の方は、逆に登場する人物は名もない男女や身近な庶民的な人物が多く、歴史上の人物などはほとんど出てこない。内容のほうもコミカルな要素が多く、見ていてより親密感が持てる演出となっている。

このように能はどちらかというと芸術性を重視し、狂言はより娯楽性を重視した伝統芸能なのだ。

能楽にはほかにも「囃子方《はやしかた》」といって能の音楽を担当する人、「地謡《じうたい》」といって劇のあら筋を斉唱する者などもいて、これら各パートがうまくコラボレートして演じられる総合伝統芸能なのである。

「歌舞伎」を演じるのが男ばかりなのはなぜ？

17世紀から続く歌舞伎は今では古典芸能の

花形だが、女形といわれる役者は身のこなしもしなやかで、本当の女性以上に女性的に見えることすらある。しかし歌舞伎は、もともと女性も演じていた芸能だったのだ。

　歌舞伎は、出雲大社のお国という女性が京都で「ややこ踊り」という小唄踊りを演じたことがルーツになる。

　それ以後、遊里で遊女が踊る「遊女歌舞伎」へと移り変わるが、風紀を乱すという理由から女性の役者が禁止され、男性中心の芸能に変容する。

　江戸時代には歌舞伎の花形役者といえば男子が演じる女形になる。そんな彼らの艶やかな立ち振る舞いに胸をときめかせていたのも男だったのである。

『役者評判記』にも美貌の美少年について詳しく論じられているが、彼らは歌舞伎を演じるだけでなく、「床入り」といってお客さんと懇《ねんご》ろになることも仕事のうちになっていた。

　江戸時代には衆道といって、美少年と年長の男が交歓する遊びが流行ったことがあり、若い歌舞伎役者は大人気だったのだ。

　衆道については、井原西鶴の『男色大鑑』にも、紹介されており、美少年と会うために金も命も惜しまないという男が続出していたと説明している。

ドラマでよく見る「特別出演」と「友情出演」に違いはあるの？

　よく映画のエンドロールのなかで俳優の名前の後に、（特別出演）とか（友情出演）という肩書きが付けられていることがある。こういう出演者は、いったい他の出演者とどういう違いがあるのか、という疑問を持った人もいるはずだ。

特別出演の場合はたいがいベテラン俳優が多いので、特別に頼んで出演してもらったということが何となくわかるが、友情出演の場合は誰との友情なのか、わからないこともある。

特別出演とは文字通り、特別に「この役はあなたに演じてもらいたい」という強い要望があってのうえで出演してもらっていることであり、友情出演とは主にその映画の監督か主役のキャストと個人的に深い付き合いがあることからコネで出演してもらっていることなのだ。

友情出演の場合、ほんの顔見せ程度のワンシーンの出演であったりする場合があり、よくノーギャラ出演だといわれることがあるが、これもケースバイケース。いくら友情出演といえどもシーンが多い場合や俳優の所属する事務所の都合により、ギャランティーが発生することもある。

もちろん特別出演の場合は特別に出てもらうのだから、それなりのギャラは支払われていることは当たり前なのである。

ただし、洋画の場合は特別出演や友情出演とクレジットが出ることはない。かなり有名人が特別に出ていても、名前さえクレジットされない場合もあるのだ。

これらは形としては友情出演になるが、出演シーンもかなり演出されていてどこに出ているのかわからないこともある。

映画の内容が面白ければ、エンドロールに特別出演とか友情出演とあってもさして気にする必要などないのである。

時代劇を作る時、時代考証家が最も悩むことは？

以前、ＮＨＫで放送された「お江戸でござる」という番組があったが、そのなかで、江戸時代の習俗と現代の対比を解説するコーナーがあり、なかなか興味深い内容になっていた。

そのようなテレビや映画の時代劇に必要なのが時代考証家という人たちなのだ。

江戸時代でさえ現代とかなり違う習俗であったのだから、それ以前の時代のことはほとんどわからないのが実情である。

だから、それぞれの時代に流行った習慣、生活習俗、衣装などを文献や絵などを参考にしてかなり長い時間をかけて調べる時代考証家の仕事が大切なのだ。なかには調べるのに10年、20年かかることも少なくないという。

時代考証家をもっとも悩ませるのが当時の衣装だ。

たとえば、平安時代の十二単《じゅうにひとえ》などは時代劇などでは毎回女優が着ているデザインが変わったりするが、本当は一度来たら1週間か10日は着ていたという。

現代とかけ離れた事実がわかるものの、なんとか時代劇に投影させるように努力しているのが時代考証家なのである。

ただし、いくら時代考証的に正しいことを主張しても演出上の理由から受け入れられない場合もある。

昔の時代劇では、時々武家の妻がお歯黒をしているシーンがあったが、今ではほとんど見かけることはない。

当時はおしゃれの一種であり、また虫歯予防の意味から流行した習俗だが、今の女優さんにとってはまるでコメディのようだと嫌がられ、無視されるようになったからだという。

いくら時代考証的には正しくても、現実との兼ね合いで妥協することだってあるのだ。

漫画の原作者っていったいどんな仕事をしているの？

漫画雑誌によく漫画タイトルの脇に漫画家と原作者の名前が記載されているが、漫画の原作者とはいったいどんな仕事をしているのだろうか。

漫画原作者とは文字通り、漫画のストーリーを考える人のことである。

「お前はもう死んでいる」などの有名なセリフを生んだ『北斗の拳』の原作者、武論尊氏もはじめは漫画家志望だったが、後に人のすすめで原作者に移行して数々の人気作を輩出している。

このように漫画原作者のなかには、もともとは漫画家であった人も少なくない。

普通は漫画家自身が企画やストーリーを考えて作品を描くが、それが困難な場合は漫画原作者がストーリーの面を担当する。

長期にわたり連載する可能性もあるのでストーリープロットなどは細かく検討し、話の辻褄が合うように配慮しなければならない。

また、漫画原作者は小説や脚本と違って漫画の絵柄とのバランスを考え、会話やセリフも簡潔でキレのある言葉でまとめ、描写力や構成力も必要になってくるのでなかなか大変な作業となる。

漫画の原作が書ければ、小説や脚本だってかけるのではないかと思うのも当たり前だが、もちろん漫画原作者のなかにはそれらを兼務している人もいる。

最近では、業界モノやスポーツモノなどに人気があり、一般の人が知らないような何か特別な分野に精通して深い知識があることが漫画原作者になるための条件にもなっているという。

「スピリチュアル」ブームのそもそものきっかけとは？

雑誌やテレビで「スピリチュアル」という言葉を目にする機会が増えている。また最近では霊能者や超能力者でなく、スピリチュアリストという肩書きでテレビ出演している人も増えている。

スピリチュアルとは、19世紀半ばにアメリカで生まれたスピリチュアリズムブームに由来する言葉で、心霊科学主義という意味を持つ。

霊や超自然現象をできるだけ科学的にアプローチすることを目的にするものだ。

発明王のエジソンでさえも、その影響からか、霊界からの声を伝える霊界ラジオの考案を真剣に考えていたといわれている。

スピリチュアリストとは霊と交信できる人や霊的能力に優れた人をさし、霊界からの通信を人々に伝えることで精神的な癒しを与える役目を持っている人のことだ。

このスピリチュアリズムの歴史は意外と古く、イギリスでは１８７２年に英国スピリチュアリスト協会が発足しており、コナン・ド

ワトソン君. 私のこの「灰色の脳みそ」が!!…
ズバリ言うわよ!!
なにか別のものがのりうつってるぞ. ホームズ…

イルも正会員となっていたことがある。

また、あのエイブラハム・リンカーン大統領も信奉者だったといわれている。

当時は、降霊会などで霊を呼び出し、霊界の様子を聞くなどの活動を通して人々に死後の世界の存在を示すことが行われていたが、現在のイギリスでは、協会の存在すら知らない人が多いという。

日本では、最近になってようやくスピリチュアルという言葉が定着してきたが、その内容といえば、霊的存在を認め、そのメッセージを人々に伝える啓蒙活動をするという点では、宗教活動と似ている面がある。

ただ、宗教との大きな違いは、ある特定の神や教祖を信奉し、教義を押し付けることはないという点である。

その点、スピリチュアリズムでは、信じる、信じないは、あくまで個人の自由という立場にあるのだ。

宝塚歌劇団にはなぜ女性しか入れない？

「清く、正しく、美しく」をモットーに女性だけで華やかに演じられる宝塚の舞台に魅了される女性は多い。

1914年、桃太郎の話を基にした歌劇「ドンブラコ」の第1回公演を皮切りに、宝塚歌劇団はミュージカルやレビューなど幅広いレパートリーでファンを熱狂させてきた。

劇団員がすべて女性だけというのは世界中で宝塚歌劇団だけだが、一時は男性団員も入団できた。

1946年に25名の男子研究生が入団したものの、なぜかファンの反対が強く結局デビューには至らなかったという。

現在は「花組」「月組」「雪組」「星組」「宙組」の5組構成になっており、各組に看板スターを擁する。

ほかに専科といって、どこの組にも属さないが各組に特別出演する重鎮が所属するグループもある。

しかし、なんといっても宝塚人気が沸騰したのは、1974年に池田理代子原作の漫画『ベルサイユのばら』を公演してからだ。

この通称「ベルばら」により、宝塚歌劇団のファン（ヅカファン）は一気に増大。特に女性が演じる男役に人気が集中し、養成期間である宝塚音楽学校にも男役希望の生徒が増えた。

なぜ女性が演じる男役に女性が陶酔するの

か、男性にはなかなか理解しがたい面もあるが、女性が演じる独特の男のダンディズムや格好のよさには女性を魅了する何かがあるのかもしれない。

　宝塚では、ラブシーンなどはいかに美しく見えるかを徹底的に研究しているという。

　最近では女性ファンだけでなく、見るだけで元気がもらえるという男性ファンや、海外公演を見て感動し、欧米やアジアなどから見に来るファンまで急増している。

スポーツ選手にボーナスはあるの？

　高い年俸をもらっているスポーツ選手にボーナスがあるなんて不公平だ、と思うサラリーマンも多いだろう。

　しかし、ボーナスはサラリーマンだけの特権ではないのだ。

　スポーツ選手といえども野球やサッカーのように人気を集め、観客動員数が多い競技もあれば、存在自体が地味なスポーツなどでは金銭的に恵まれない選手もいる。こういう選手にとってボーナスはかなりうれしいモノなのだ。

　１９９２年から日本オリンピック協会は金メダルに３００万円、銀メダルに２００万円、銅メダルに１００万円の報奨金を払う制度を創設した。

　オリンピックは名誉のために出場するという感が強かったが、これで選手たちのモチベーションも上がったのは確かだろう。

　また２００６年サッカー・ワールド・カップドイツ大会でも日本チームには、１試合勝てば100万円、1次リーグを突破すれば500万円、ベスト8進出で1000万円という破格のボーナスが出されることが発表された。

　しかし、1分2敗という結果に終わり、残念ながらボーナスは支給されることはなかった。

　この点、やはりプロ野球は優遇されている。なぜなら、インセンティブ（出来高制）契約といって、ある一定の条件を満たした場合や、目標を定めて達成した場合にボーナスを年俸に上乗せするという契約制度が出てきたからである。

　例えば投手なら10勝がノルマとすると、それより1勝多く勝つごとに100万円、打者なら打率3割がノルマとすると打率が1分上がるごとに300万などという契約ができる制度だ。

　しかし、この契約方式が一概に選手にとっていいことだけではない場合もある。2005年に福岡ソフトバンクホークスは課されたノルマを達成しなかった場合には減俸する、という逆インセンティブ契約を導入したからだ。

　選手にとって実力どおりの仕事をしなければボーナスどころか、減俸されてしまう厳しい時代が到来したともいえるのだ。

プロ野球のコミッショナーって いったい何者？

　1989年8月24日、「野球そのものより偉大な人間などひとりもいない」と米大リーグ第7代コミッショナー、バートレット・ジアマッティは言い放った。

どんなに偉大な野球選手であろうと、野球の歴史を汚すような行為をした選手は追放するという確固たる信念のもと、当時シンシナティ・レッズ監督だったピート・ローズを野球界から永久追放した時の言葉である。

ピート・ローズは監督という立場でありながら、野球賭博に関係したことで厳しい裁定が下されたのである。

このようにプロ野球コミッショナーとは絶対的権力を持つ存在であり、コミッショナーにより下された裁定、指令、裁決は絶対であり、いかなる理由があっても球団オーナーや選手も裁定には逆らうことはできない。

コミッショナー制度発足のきっかけは、1919年、シカゴ・ホワイトソックスとシンシナティ・レッズのワールドシリーズだった。


ホワイトソックス8人の選手による八百長事件が発覚、大リーグオーナーたちが、当時、厳格な法の執行をすることで有名であったイリノイ州のケネソー・M・ランディスに球界の執行官になってくれるように要請したことに始まるのである。

ランディスはこれを承諾し、自らこの職務をコミッショナー（権力を委託された者）と名付け、容疑のかかった8人の選手を大リーグ史上初めて永久追放処分とした。

ただし、コミッショナーが最高権力者といっても、独断と偏見で裁定を下すのではなく、あくまでも『大リーグ規則』に則って裁定をしているのだ。コミッショナーでさえ大リーグ規則に反すれば処罰を受けることになっている。

野球界において、「野球そのものより偉大

な人間はひとりもいない」ことは永久に不滅なのである。

「チェンジアップ」って いったいどんな球？

　メジャーリーグの野球はパワーベースボールであり、剛速球と豪快なフルスイングの力と力のぶつかり合いが中心だが、今では日本選手も増え、衛星放送でも毎日見られるようになった。

　そのなかで、ピッチャーが投げる球種の違いがよくわからないことがある。ストレートやカーブはわかるが、聞きなれない球種もよく耳にする。

　なかでもよく聞くのが、チェンジアップという球種だ。

　まるで清涼飲料水のような名前の球種だが、いったいどんな球種なのかテレビで見ているだけではよくわからない。

　チェンジアップはストレートと同じ投球動作から繰り出される、打者のタイミングをはずす緩い変化球のことだ。

　ストレートだと思った瞬間に手元で下に沈むので、空振りか、内野ゴロになりやすいのが特徴である。

　ボールの握り方は投手によってさまざまだが、サークルチェンジといって、親指と人差し指をＯＫサインのようにしてボールの縫い目のない部分に添えて投げるのが主流となっている。

　このボールを速球派投手がマスターすると、効果が倍増することから、メジャーリーグの一線級投手はほとんどの人がマスターしているのだ。

その他にも、今ではカットボールといって、打者の手元に食い込んでくるスピードの速いスライダーも多くのピッチャーが好んで投げている。

今や変化球自体が改良されて、また新しい変化球が生まれるという、まさに変化球増殖時代に突入しているのである。

ゴルフの4大トーナメント一番難しいコースはどれ？

ゴルフは紳士の国イギリスで生まれただけに、静かなる激闘が繰り広げられる奥深いスポーツだ。

もともとが英国貴族の嗜むスポーツだったため、白人中心に行われるという感が強かったが、最近ではタイガー・ウッズの活躍などもあり世界中の人々から注目されるようになってきている。

世界的に大きなゴルフの大会は、世界4大メジャートーナメントといわれ、「マスターズ」「全米オープン」「全英オープン」「全米プロゴルフ」の4つになる。

なかでも全英オープンは「ジ・オープン（The Open Championship）」と呼ばれ、最も歴史が古く伝統のあるメジャー大会である。第1回大会は1860年に開催されている。

全英オープンでは開催されるゴルフコースはシーサイド・リンクスといって海岸に面した場所に限られ、5年に一度はゴルフの聖地「セントアンドリュース」で開かれることが義務づけられている。

ゴルフの原点に返りプレーすることが重んじられ、アンジュレーション（地面の起伏）豊かなフェアウエイと驚くほど深いラフ、変化の多い天候や強い海風など、プレーヤーを悩ます苛酷な環境との戦いも見所となっている。

　出場資格も世界各国の大会の優勝者及び上位入賞者に限られ、かなり出場するのが困難な大会なのだ。

　これと対照的なのが全米オープン（United states Open Tournament）である。この大会は、チャンスさえあれば、誰でも参加できる。

　シード選手も少なく、全米各地で予選会を通過すれば、たとえ無名のアマチュアでさえも有名プロゴルファーと一戦交えることが可能なのだ。

全米オープンのコースも最近はフェアウエイも狭く、ラフも深く設定されることから難易度は全英オープン同様に高い。

最近の優勝スコアもオーバー・パーになっている。

参加できる可能性は高いが、勝つためにはやはり実力がものをいう大会なのである。

サッカーはJリーグ、バレーボールはVリーグ、ではFリーグは？

「Jリーグ」はサッカー、「Vリーグ」はバレーボール。では、「Fリーグは？」というクイズを出したら、いったい何人が正解することができるだろう。

　２００７年9月23日、この日、東京の国立代々木競技場第一体育館で日本初のフットサルの全国リーグ「Ｆリーグ」が開幕した。

14年前、スタジアムに花火を打ち上げて華々しく開幕したJリーグに比べると、認知度も高くなく、かなりジミなデビューであったことは否めない。

しかし、サッカー大国のスペインなどではフットサルはサッカー人口を上回るプレーヤーがおり、日本においても１５０～２００万人の愛好者がいるといわれる人気のスポーツなのだ。

事実、Ｆリーグ開幕当日のプラチナチケットは発売から1時間で完売。

7月に行われたプレシーズンマッチにも、延べ2万人の観客が足を運び、盛り上がりを見せた。

王国ブラジルではフットサルからサッカーに転向するプレイヤーも多く、サッカーの元日本代表監督のジーコや、2年連続で世界最優秀選手に選ばれたＦＣバルセロナのロナウジーニョもそのひとりだ。

サッカー強豪国にはフットサルがつきものなのである。

ところで、サッカーには最高峰の大会といわれる「ＦＩＦＡ Ｗ杯」があるが、じつはフットサル界にもそれは存在して、すでに１９８９年から5大会が行われている。

日本は、２００４年の大会は、残念ながらグループリーグ敗退に終わってしまったが、今では「Ｆリーグ」開幕に合わせて技を磨いてきた成果か、日本代表のレベルはかなりの向上を見せており、世界トップ10との声も上がっている。

日本のフットサルが世界と互角に戦える力をつけることは、サッカーの底上げにもつながる。そういう意味でも、今後のFリーグは目が離せない存在なのだ。

「インド式計算」は普通の計算とどう違う?

最近になって、計算をわかりやすくする「インド式計算」がマスコミで話題となり、今までにないわかりやすさ、という評判を受けている。

インド式計算はコツを覚えれば、誰でも簡単にできることに利点がある。

たとえば、28+48という計算をする時、まず、28を30として考え、30+48は78、それから2を引けば76になるというやり方をする。

ようするに繰り上げ計算を簡単にすることがポイントである。数字をキリのよい数(計算しやすい数)に直してから計算すればいいのだ。

掛け算も同様に35×11の場合、まず35×10で350を出し、それに35を足せば385という答えがでる。

二桁どうしの掛け算でも、十の位が同じ数字で、一の位の数字が足して10になる場合は簡単に導ける。

たとえば42×48は、1桁は2と8を足せば10となる。

ここがポイントで、1桁目の2×8は16、次に2桁目の数は4と4だが、この時どちらかに1を足して、5×4は20にする。

そして2桁の掛け算の答え20と、1桁の掛け算の答え16を並べると2016。これが答えになるのだ。

このようにちょっとしたコツを覚えるだけ

十の位が同じで一の位が足すと10になるときは…

42 × 48 ＝ ？

42の十の位 48の十の位 ①

(4 ＋ 1) × 4 ＝ 20

↑

ここで1を足すのがポイント！

42の一の位 48の一の位 ②

2 × 8 ＝ 16

①と②を並べると

答え．2016

で答えが出るというインド式計算だが、コツを覚えるのが面倒という人も多い。

その点、日本の算盤をマスターしたほうが暗算も強くなるから一石二鳥だという人もいる。

算盤が上手くなると、頭の中に算盤をイメージできるようになり、頭の中ではじくことで、暗算もできるようになるからだ。

ただし、ここまでいくにはかなりトレーニングが必要といわれる。

計算はボケ防止にもなる。インド式計算にしろ、算盤にしろ、チャレンジしてみるのもいいかもしれない。

【参考文献】

『元祖いまさら人には聞けない常識力本舗.com』（日本常識力検定協会監修／講談社）、『医者以前の健康の常識』（平石貴久／講談社）、『ちゃんとした大人のマナーがわかる本』（マガジンハウス）、『雑学大全』（東京雑学研究会編／東京書籍）、『日本語のルール』（白沢節子／日本実業出版社）、『続弾！問題な日本語』（北原保雄／大修館書店）、『社会人、やっていいこと・悪いこと』（白沢節子監修・執筆／PHP研究所）、『日常のマナー事典』（本田明雄／西東社）、『ビジネスマナー早分かり事典』（葛西千鶴子監修／池田書店）、『見てわかる基本のビジネスマナー』（相部博子監修／西東社）、『知っておきたい日本語常識ドリル550問』（朝日新聞社）、『ドタンバのマナー』（サトウサンペイ／新潮社）、『年中行事・豆知識300』（吉沢久子監修／日東書院）、『世界大百科事典　第2版』（平凡社）、『五訂増補日本食品標準成分表—脂肪酸成分表編』（文部科学省）、『わかりやすい計量制度の実務知識』（穂坂光司／オーム社）、『マンションの常識・非常識』（碓井民朗／週刊住宅新聞社）、『DV（ドメスティックバイオレンス）を乗りこえて—ここは私たちのレストラン』（野本律子／文芸社）、『署名・捺印のすべてがわかる本』（小林英明／総合法令）、『i m i d a s 2004別冊付録　こんなときどうする？　最新マナー55』（集英社）、『箸の文化史 世界の箸・日本の箸』（一色八郎／御茶ノ水書房）、『あたらしい家庭の冠婚葬祭』（棚橋節子・内田厚子・神谷すみ子・横山美智子／新日本法規出版）、『美しいあなたをつくる　マナーの本』（岩佐佳子／日本ヴォーグ社）、『恥をかかないおつきあい手帖』（市田ひろみ／家の光協会）、『贈答のルールとお金の事典』（21世紀マナー研究会／法研）、『来し方ゆく末　和風たべかた事典』（小野重和／農山漁村文化協会）、『「贈る」と「お返し」のマナー』（松本繁美監修／主婦の友社編／主婦の友社）、『新編　手紙・はがき・メール実例事典』（主婦と生活社編／主婦と生活社）、『地名・苗字の謎』（鈴木武樹／産報）、『コナン・ドイルの心霊ミステリー』（コナン・ドイル／小泉純訳／角川春樹事務所）、『野球は言葉のスポーツだ』（伊東一雄、馬立勝／中央公論社）、『読めば治る　健康の達人になる　Q&A』（鈴木弘文／竹書房）、『渡部昇一の人生観・歴史観を高める事典』（渡部昇一／PHP研究所）、『江戸の真実』（別冊宝島編集部編／宝島社）、『アメリカの政治』（久保文明編／弘文堂）、朝日新聞社、毎日新聞社、読売新聞社ほか

〈参考サイト〉

ケータイWatch、東京大学設計工学研究室、中村まちバス、西日本JRバス、警視庁、総務省、日産自動車、オールアバウトジャパン、毎日新聞、読売新聞、日本経済新聞、プレジデント、ネット・ビジネス道場ほか

編者紹介

話題の達人倶楽部

カジュアルな話題から高尚なジャンルまで、あらゆる分野の情報を網羅し、常に話題の中心を追いかける柔軟思考型プロ集団。彼らの提供する話題のクリオリティの高さは、業界内外で注目のマトである。

本書は、最新ビジネス用語から日本人のしきたりまで、大人ならふまえておきたい常識を完全網羅した。これだけで"社会人の鑑"になるお徳な一冊である。

これだけは知《し》っておきたい！

大人《おとな》の「常識力《じょうしきりょく》」

2008年1月5日　第1刷
2011年12月20日　第10刷

編　者　話題《わだい》の達人倶楽部《たつじんくらぶ》

発行者　小澤源太郎

責任編集　株式会社プライム涌光

電話　編集部　03(3203)2850

発行所　株式会社青春出版社

東京都新宿区若松町12番1号 〒162-0056
振替番号　00190-7-98602
電話　営業部　03(3207)1916

印刷・中央精版印刷　製本・ナショナル製本

万一、落丁、乱丁がありました節は、お取りかえします。

ISBN978-4-413-00927-0 C0000